PARIS 2024

UNE VILLE FACE À LA VIOLENCE OLYMPIQUE

JADE LINDGAARD

Dépôt légal : janvier 2024
ISBN : 979-10-97088-66-8

PARIS 2024.
UNE VILLE FACE À LA VIOLENCE OLYMPIQUE

BIOGRAPHIE

JADE LINDGAARD est journaliste, en charge du pôle Écologie à Mediapart, et habitante d'Aubervilliers. Elle a publié plusieurs livres : dont *Éloge des mauvaises herbes. Ce que nous devons à la ZAD* (Les Liens qui libèrent, 2018), *Je crise climatique. La Planète, ma chaudière et moi* (La Découverte, 2014), *La France Invisible* (La Découverte, 2006).

« À n'en pas douter, les éternels grincheux redonneront de la voix pour s'alarmer que Paris se lance à nouveau dans cette folle aventure […]. L'on connaît ces critiques ressassées, ces récriminations frileuses, ce pessimisme obsidional où se complaît trop volontiers le pays. Mais l'on veut espérer qu'ils seront, cette année, balayés par la dynamique de Paris 2024[1]*. »*

Paris, 2025.

Les JO de 2024 sont les premiers de l'histoire moderne à rapporter de l'argent au pays hôte. Cet argent sert à créer des postes d'enseignants sportifs dans les quartiers populaires.

10 5000 athlètes, 25 000 journalistes et 1,5 million de touristes sont venus en avion et en voiture, mais tout ce CO_2 a aidé le climat, car tout a été compensé – et même au-delà des espérances.

Tous les enfants, les jeunes et les familles nombreuses vivant là où se sont déroulées les épreuves, en Seine-Saint-Denis, à Marseille, en Polynésie et à Paris ont pu assister aux courses et matchs de leurs rêves depuis les gradins, et admirer les athlètes en personne et de près.

La vidéosurveillance algorithmique[2] et les scanners corporels à ondes millimétriques se sont autodétruits à la fin des Jeux.

Le béton du Village des médias construit sur le parc de La Courneuve a fleuri ; les jardins d'Aubervilliers détruits par un projet de solarium ont repoussé miraculeusement. Sur la bretelle d'autoroute construite devant une école de Saint-Denis ne passent pas des voitures qui polluent et font du bruit, mais des nuages de lavande et des tapis volants de bonbons à la cannelle.

La magie olympique a fait fuir les cafards, les rats et les punaises de lit.

Les médailles remportées par les pays pratiquant la torture, le génocide culturel, les crimes de guerre et l'écocide ont mis fin à leurs atrocités.

Ce fut le plus grand événement de l'histoire de l'humanité.

INTRODUCTION

À la mémoire d'Amara Dioumassy
Mort le 16 juin 2023 sur un chantier de stockage des eaux de pluie visant à rendre la Seine plus propre pour les JO de 2024[3].

Je n'ai pas voulu écrire un livre contre les Jeux olympiques.

Plutôt un récit d'élucidation devenu au fil de l'enquête une alerte contre les injustices que je voyais se dérouler sous mes yeux dans une indifférence quasi générale : expulsion de travailleurs étrangers de leur logement, pressions sur les habitant·es d'une cité pour quitter leur tour, évacuation d'un squat sans solution pérenne pour ses occupants, construction d'un échangeur autoroutier à proximité d'un groupe scolaire de 600 élèves, destruction de jardins ouvriers, arrachage d'arbres dans l'unique grand parc du 93. Il est le fruit de recherches, d'arpentage de terrain, d'observations, de nombreux entretiens et de mon expérience personnelle en Seine-Saint-Denis entre 2018 et 2023.

Ce projet a commencé avec une question : les Jeux olympiques et paralympiques de Paris en 2024 peuvent-ils faire du bien aux personnes vivant dans ce département, l'un des plus pauvres du pays et principal lieu d'accueil de l'événement avec le « Village » des athlètes et celui des médias ? C'est ce qu'affirment la plupart des élu·es, souvent de gauche et parfois écologistes, favorables aux JO dans le 93.

La promesse d'un « héritage » bénéfique était au cœur du dossier de candidature de la France pour obtenir l'organisation des olympiades[4]. Elle reste l'une des principales justifications de la somme folle de 8,8 milliards d'euros[5] dépensée pour l'événement le plus médiatique du monde. Au bénéfice de qui et avec quelles conséquences pour les villes concernées ? Saint-Denis, L'Île-Saint-Denis, Saint-Ouen, Aubervilliers, le quartier de la porte de la Chapelle au nord de Paris forment une Péripolis, une continuité urbaine qui encercle la capitale parisienne sans en partager le capital économique ni le prestige. L'impact des JO s'y faisait ressentir bien avant le spectacle des épreuves sportives.

Journaliste de métier, mais aussi habitante d'Aubervilliers, j'ai vu les quartiers autour de moi se transformer. Des bâtiments tomber, des habitant·es partir, des friches se lotir, des camions de chantier rouler, des ponts se construire, des arbres disparaître et des riverain·es se demander ce qu'il se passait.

Dans ma ville, des jardins cultivés par des retraité·es et des familles modestes ont été rasés pour construire un solarium : des parcelles de terres nourricières détruites pour que soit construit à la place un espace de bronzage, attenant à une piscine d'entraînement des Jeux olympiques. Beaucoup d'entre nous souhaitions de nouvelles lignes de nage pour répondre aux besoins insatisfaits dans cette commune de 90 000 habitant·es.

Mais éliminer des arbres fruitiers et 4 000 mètres carrés de sols maraîchers pour y déverser du béton afin que des client·es y prennent le soleil ? L'idée semble surréaliste en situation de dérèglement climatique et de canicules urbaines de plus en plus éprouvantes.

J'ai donc participé à la lutte pour la défense de ces jardins. Pris part à leur occupation, puis, après son expulsion par la police, à une action de blocage des travaux qui m'a valu, avec sept autres personnes, d'être arrêtée, poursuivie pour m'être opposée à « l'exécution de travaux publics ou d'utilité publique[6] » et finalement relaxée de ces faits.

Ce n'est pas cette histoire, collective, plurielle, un commun de notre ville, que je vais raconter. Mais elle m'a habitée tandis que je menais cette enquête, dans la tradition pragmatiste de l'investigation de terrain, et m'a sans cesse rappelé l'importance d'être attentive aux récits des gens du coin. Face au méga-événement olympique et aux flots d'argent déversés d'un coup, j'ai essayé d'aller voir ce qui se passait derrière les promesses de spectacle, de joie et de prospérité.

L'histoire des Jeux olympiques de 2024 peut être racontée comme une saga sportive, une fresque de records, agitée des frissons de la compétition – le spectacle le plus médiatisé et le plus regardé au monde. C'est le récit dominant.

On peut aussi regarder l'événement depuis ses chantiers, ses arrière-boutiques, ses réunions à huis clos, son butin immobilier, sa dépossession urbaine. En Seine-Saint-Denis, les JO de 2024 promettent d'inventer « la ville durable » de demain : décarbonée, adaptée aux changements climatiques, agrémentée de biodiversité urbaine, et insérée dans l'économie circulaire. Il y a les quartiers olympiques directement construits pour l'occasion, et il y a les effets secondaires qu'ils vont répercuter sur tout un territoire.

Sur le papier, c'est presque parfait. Un cadeau envoyé par les dieux de l'Olympe. Grâce à ce discours, les organisateurs des Jeux de Paris 2024 ont obtenu carte blanche pour fabriquer la ville rêvée des promoteurs : moderne, innovante, lucrative. Sans pauvres, sans cités à la dérive, sans caillassages de voitures de police. C'est un merveilleux produit d'appel pour nouveaux habitants solvables au pays de Vinci, Eiffage et Nexity. Mais c'est aussi une forme urbaine d'extraction de valeur qui profitera aux promoteurs et investisseurs immobiliers au détriment des habitant·es les plus vulnérables du territoire le plus mal aimé de France. À un an des Jeux, aucun engouement, aucune effervescence populaire ne se faisait sentir autour des innombrables palissades estampillées « Paris 2024 ».

Il faut aimer ces quartiers pour les sillonner, y passer du temps et y faire des rencontres. En regardant par les fenêtres des tours et des pavillons, on découvre donc que cette opération d'« intérêt national » a délogé 1 500 personnes, dépensé – par personne concernée – beaucoup plus d'argent pour le quartier olympique que pour la rénovation des cités, et bénéficié à seulement 15 % des petites entreprises locales[7]. Tout cela à proximité de l'endroit où des émeutes ont éclaté en juin 2023 pour protester contre la mort de Nahel, la violence de la police et un immense sentiment d'abandon.

Cette histoire de dépossession est aussi celle du verrou de l'« utilité publique » contre les communs populaires. Alors que, à l'ombre de la puissante métropole parisienne, les contre-projets fleurissent et les désirs d'habiter une ville aussi diverse qu'égalitaire sont vivaces.

CHAPITRE 1.
LA DÉPOSSESSION

La première fois qu'Hawa les a entendus crier, elle a cru qu'ils vendaient de la volaille.

« Poulets ! » « Oula Poulets ! » La dernière syllabe reste appuyée plusieurs secondes en l'air. Vite, elle a compris qu'il s'agissait d'autre chose : les bleus, les keufs, les flics, les condés. La police. La cité Marcel-Paul au sud de L'Île-Saint-Denis est un quartier dense de logements sociaux. C'est aussi une scène ouverte de deal de drogue. Un « four » surveillé en permanence par des « choufs », des guetteurs au visage caché par des masques Covid, assis sur des chaises aux diverses entrées. Dès qu'une voiture de police s'approche, ou que la BAC s'annonce sur le boulevard, des cris d'alerte résonnent aux quatre coins de la cité. La mélopée peut se tordre entre la dalle et les parois de béton pendant des heures.

C'est là qu'elle vit avec ses quatre enfants, dans une tour qui surplombe les rives de la Seine et offre une vue à couper le souffle sur le fleuve, ses ponts, ses péniches. Au loin, les immeubles de la Défense dessinent une perspective géométrique sur la ligne d'horizon. Et c'est là que 286 logements doivent être vidés avant le début des Jeux olympiques.

Un programme de rénovation urbaine, soutenu par l'État, doit faire tomber les tours de Marcel-Paul pour créer plus de mixité sociale et reloger les familles dans un meilleur habitat[8]. La part de logements sociaux dans ce quartier estampillé « politique de la ville » pourrait descendre de 93 % à 63 %[9]. Ce projet a été initié en 2016[10], un an avant l'attribution des JO de 2024 à Paris.

Non loin de là, l'Île doit accueillir une partie du « Village » des athlètes. Cette proximité géographique a-t-elle conduit à caler le calendrier de l'opération sur le rétroplanning des Jeux ? C'est une question sensible, portée à l'incandescence au printemps 2023 par un mouvement de protestation chez certains locataires. « Ils ne veulent pas de nos visages pendant les Jeux olympiques », dit Hawa, un vendredi après-midi de juin[11]. « À cause des JO, ils nous dégagent. C'est un déchirement de partir. Ils n'ont pas de tact », insiste Gnama, qui vit dans ces tours depuis qu'elle est petite. « Et on n'a même pas de place pour aller voir les Jeux ! » ironise Marina, déjà relogée à Saint-Denis. « C'est pas moi qui pars, c'est eux qui me virent », proteste Fatima, 63 ans, locataire depuis l'an 2000. Beaucoup de ces familles ont des enfants scolarisés qui devront de ce fait changer d'école.

Ce récit est catégoriquement démenti par la mairie. Par SMS, le directeur de cabinet, Victor Drot, s'agace : « On ne peut pas obliger les gens à partir. Cette rumeur n'a aucun fondement[12]. » En conseil municipal, l'édile, Mohamed Gnabaly, s'emporte : face à l'idée « qu'on fait partir nos habitants pour les JO », il conteste : « C'est pas vrai. Je suis très catégorique. Ce n'est pas vrai. Entrez bien ça dans vos têtes : on n'est pas du tout dans ces logiques-là[13]. » Quant au comité d'organisation des Jeux, le COJO, renommé Paris 2024, il affirme par mail qu'« aucune demande spécifique n'a été faite » par lui-même ni par la société de livraison des Jeux, la Solideo, l'établissement public chargé de construire les ouvrages olympiques, « concernant le projet de rénovation urbaine et de relogement que vous évoquez ».

Alors que se passe-t-il ? Pour le comprendre, il faut distinguer les effets directs et indirects de l'événement olympique sur ce quartier.

Sur l'Île-Saint-Denis, petite commune de 8000 habitant·es étirée comme un élastique entre les rives de Saint-Denis et de Gennevilliers, le compte à rebours crée une pression sur le bailleur et les habitant·es. Hawa et ses voisins sont des victimes indirectes des JO. Leur processus de relogement est accéléré par l'échéance olympique, ce qui rend plus difficile leur accès à des solutions de relogement dignes. Personne ne doit être mis à la rue, mais tout le monde doit se plier à ce faisceau de contraintes : avoir libéré la place avant juillet 2024. Tout doit aller vite, trop vite.

Près de 3000 athlètes et leurs accompagnant·es sont attendu·es sur l'île, à quelques centaines de mètres de la cité d'Hawa, pendant la période des Jeux – les autres logeront à Saint-Denis et Saint-Ouen (voir les chapitres 4 et 5). Leurs appartements seront ensuite restitués au reste des mortels, à partir de 2025 : 325 familles pourront y emménager. Mais seule une cinquantaine de logements sociaux y sera réservée pour des habitant·es de l'Île-Saint-Denis. Quant aux résident·es de Marcel-Paul, une charte leur promet, en théorie, un droit au retour une fois leur ancien quartier réhabilité. Mais voudront-ils fournir l'effort d'un nouveau déménagement plusieurs années après en être parti·es ? Et auront-ils encore les moyens de s'y loger en fonction du type de loyers, même aidés, qui y sera proposé ? Dans la cité Marcel-Paul où habite Hawa, on peut estimer qu'environ 730 adultes et enfants[14] vivaient dans les trois tours promises à la démolition avant que ne démarre le processus de relogement. Dans ce quartier, 27 % des ménages sont étrangers, et 49 % sont immigrés, c'est-à-dire nés à l'étranger de nationalité étrangère[15].

Ils ne sont pas les seules victimes indirectes des olympiades dans le 93. Sur la même île, plus de 400 personnes, en très grande majorité des hommes seuls originaires du continent africain (Tchad, Soudan, Mali notamment), ont été expulsées du squat Unibéton, situé en bordure du chantier du « Village » des athlètes, le 26 avril 2023. Beaucoup d'entre eux n'avaient pas de titre de séjour en règle.

Pouvaient-ils s'attendre à un meilleur sort ? « Quand je discutais avec les occupants (du squat Unibéton), ils savaient que, du fait des JO, ils devraient partir[16] », témoigne après coup le député LFI Éric Coquerel qui a tenté d'intercéder en leur faveur. « Ne pas les laisser là, c'était la bonne solution », considère Mohamed Gnabaly, maire de l'Île-Saint-Denis, compte tenu de l'insalubrité du lieu, une ancienne usine transformée en siège social d'Unibéton, la filiale des Ciments français dans les années 1990, avant d'être abandonné.

L'occupation aura duré quelques années, marquée par la misère. Des dizaines de chambres aménagées le long de couloirs sans fenêtres. Pas de salle de bains : des seaux d'eau chauffée pour se laver dans la cour. Des habitants qui ne mangeaient pas tous les jours à leur faim et étaient coupés du système de soins. « Des squats, dans ma ville, j'en ai plein. De cette taille, jamais », remarque le maire. Il se réjouit que l'expulsion, à l'aube d'un jour de vacances, se soit « relativement bien passée », c'est-à-dire sans violence.

Est-ce une raison suffisante pour s'en contenter ? « Ils vont nous mettre dehors pour les JO, mais on n'a pas d'autre endroit où aller[17] », disait en février 2023, deux mois avant l'évacuation par la préfecture, Mohammed, 34 ans, Tchadien, débouté du droit d'asile et bénévole aux Restos du cœur. « Avec nous, ils ne savent pas quoi faire. On est là comme ça. C'est normal qu'ils ne vont pas nous accepter. La différence de traitement, c'est choquant. Ici, quand tu n'as pas de papiers, qui va te considérer ? Personne. On est des humains quand même. » Le même jour, Mohamed Yaya, originaire du même pays et délégué du squat, expliquait : « On est content de rester ici. On mange ensemble. À l'hôtel, tu n'as pas le droit d'accueillir tes amis. Ici on est libres. C'est très difficile de vivre ici, mais on est contents de rester. C'est mieux que la rue. »

De l'autre côté de la Seine, à Saint-Ouen, au moins 286 hommes[18], tous étrangers ou d'origine étrangère, avaient dû quitter deux ans plus tôt un foyer ADEF, un gros opérateur du logement de travailleurs migrants en Île-de-France. En plus des locataires officiels, beaucoup d'autres personnes, parents ou connaissances, parfois sans papiers, y dormaient sans être déclarées. Les trois immeubles et la cour de ce bâtiment délabré se trouvaient sur le terrain acquis par Eiffage, Nexity et CDC Habitat pour y construire le lot E3 du « Village » olympique : un immeuble de bureaux et de commerces[19].

Pour le coup, ils sont des victimes directes de l'événement : leur lieu de vie se situait en plein dans le futur quartier olympique. Leur éviction en mars 2021 et le relogement de la plupart d'entre eux ont été directement gérés par la Solideo et la préfecture, qui se sont assurées qu'ils bénéficient de chambres temporaires, mais neuves, avant de s'installer dans leur habitat pérenne, en projet de construction au moment de l'éviction. Ils ont été directement pris en charge par la puissance publique et, de ce point de vue, ont bénéficié d'un traitement plus protecteur que les personnes indirectement délogées par les JO.

À ces démolitions et cette expulsion s'ajoute le cas de la résidence étudiante Pierre-Azou, qui jouxtait le foyer ADEF et que gérait l'association des anciens élèves de l'école d'ingénieurs Supmeca. En tout, 97 de leurs logements ont été démolis pour céder la place à des bureaux dans le « Village » olympique[20]. Mais à la différence des autres expulsé·es, les étudiant·es ont finalement eu le droit de rester sur le site : la CDC Habitat leur a reconstruit des chambres – qu'ils devront céder temporairement aux équipes sportives, avant de les retrouver. Ils sont devenus « les premiers habitants du Village des athlètes[21] », comme n'a pas hésité à le formuler le maître d'ouvrage public.

AU MOINS 1 500 PERSONNES DÉLOGÉES PAR LES JO DE 2024

En vingt ans, plus de deux millions de personnes dans le monde ont perdu leur domicile à cause des Jeux olympiques, estimait en 2007 un rapport de l'organisation de défense de droits humains COHRE[22], une ONG suisse qui a fermé ses portes en 2014. L'immense majorité d'entre elles a été déplacée lors des Jeux de Beijing en 2008 – près de 1,5 million d'individus selon ces expert·es, un record absolu. Ce furent les JO les plus bâtisseurs d'infrastructures : un nouvel aéroport – à l'époque le plus grand du monde –, une nouvelle autoroute, deux voies circulaires autour de la capitale, 150 kilomètres de voies ferrées. Deux décennies plus tôt, les Jeux de Séoul avaient aussi eu un impact dévastateur, selon le rapport : les logements de 720 000 habitant·es auraient été détruits pendant les cinq années avant l'événement, une échelle massive dans une mégapole de 10 millions de personnes. À Barcelone, en 1992, plus de 600 familles furent expulsées. À Atlanta, en 1996, près de 30 000 familles pauvres ont été déplacées et les conditions de logement des communautés afro-américaines défavorisées ont été particulièrement dégradées. Parmi les populations sans domicile fixe, des arrestations massives ont touché jusqu'à 9 000 personnes. À Athènes, en 2004, environ 2 700 personnes, essentiellement des Roms, ont été affectées par l'événement. À Londres, cinq ans avant 2012, plus d'un millier de personnes risquaient de perdre leur domicile. Le poète Kae Tempest a immortalisé ce moment de gentrification accélérée de la capitale britannique : « J'ai marché dans ces rues toute ma vie, elles me connaissent mieux que personne. Mais les rues ont changé. Je ne les sens plus vibrer. Ok ok, j'ai compris. Elle est à qui cette ville[23] ? » À Rio, en 2016, plus de 20 000 familles ont dû quitter leur lieu de vie, notamment dans les *favelas cariocas*[24].

En France, où les infrastructures utiles aux Jeux de 2024 étaient déjà construites à 95 %, rien de cela n'aurait dû arriver. En 2012, le dossier de candidature de Paris promettait qu'« il ne serait pas nécessaire de démolir de logements pour la construction des sites olympiques[25] ». Mais en 2017, cet engagement ne figure plus dans le *Paris bid*[26].

Dans les faits, beaucoup de monde a été définitivement délogé par l'organisation des Jeux de 2024 et les processus d'aménagement qui leur sont liés en Seine-Saint-Denis. Au moins 1500 personnes, si l'on additionne les habitant·es de Marcel-Paul, les résidents du foyer Adef de travailleurs étrangers rasé pour une autre section du « Village » olympique à Saint-Denis, et les centaines d'hommes – ainsi que de rares familles – qui avaient trouvé refuge dans le squat Unibéton bordant le chantier du « Village » des athlètes sur l'île.

Ce chiffre est une estimation élaborée avec prudence à partir des données publiques disponibles. Il ne prend pas en compte la suppression des places en foyers et hôtels sociaux, ni l'expulsion de nombreux autres squats dans les années qui ont précédé 2024, qui semblent plus difficiles à attribuer majoritairement au méga-événement olympique, devant la Coupe du monde de rugby, la création des nouvelles lignes de métro du Grand Paris, ou la rénovation urbaine d'autres quartiers de Saint-Denis et Saint-Ouen. Tous ces processus sont à l'œuvre en même temps sur le même territoire, qu'ils réaménagent profondément[27]. Ce décompte ne figure dans aucune communication officielle. Personne n'a pris la peine de le calculer malgré la quantité astronomique de rapports commandés à l'occasion ou au sujet des Jeux de 2024.

Un autre fait saute aux yeux. L'immense majorité de ces personnes délogées par le méga-événement sont racisées : familles françaises issues de pays d'Afrique subsaharienne ou du Maghreb, travailleurs migrants ou immigrés et leurs enfants, demandeurs ou déboutés du droit d'asile, avec ou sans papiers. Des personnes précaires, pauvres ou vulnérables, à qui on ne donne pas voix au chapitre. Une fois les Jeux passés, la sociologie de celles et ceux qui les remplaceront dira beaucoup de la nature de l'héritage social et « racial » de l'événement. Si les couples de « Blancs » bien intégrés, avec les diplômes qu'il faut pour réussir et les emplois bien rémunérés, deviennent plus nombreux que les familles d'origine maghrébine et subsaharienne, il sera difficile de ne pas y voir une forme de remplacement de population.

Le 30 octobre 2023, plus de 75 associations de solidarité impliquées dans le travail social ont publié une lettre ouverte au comité d'organisation des Jeux et aux élu·es pour dénoncer les « délogements des sans-abri, la réduction des places d'hébergement d'urgence, la fermeture des points d'accueil, la diminution de la distribution d'aide alimentaire, etc. » causés par la manière dont l'événement a été préparé. Elles exigent « une continuité de la prise en charge des personnes en situation de précarité et d'exclusion, avant, pendant et après les Jeux [28] ».

Dans le cas de Paris 2024, ce sont les victimes indirectes de l'événement olympique, sans doute les plus invisibles, qui ont été les plus mal traitées. Pour les personnes concernées, c'est dramatique. Car l'expulsion peut les plonger dans la pauvreté, en les coupant de leur réseau d'entraide et en les plaçant à la merci des exploiteurs de misère[29]. Ceux qui se sont retrouvés sur le carreau et sans solution viable ne pouvaient pas compter sur la loi pour faire respecter leur droit au logement : travailleur·ses sans papiers, étudiant·es en fin de droits, débouté·es du droit d'asile. Ils présentent les profils habituels des habitant·es soumis·es aux logiques de survie de l'ultraprécarité urbaine.

Cinq mois après leur éviction, les anciens d'Unibéton étaient éparpillés entre des squats, la rue et des logements de fortune. « On perd leurs traces, les contacts s'effilochent, les échanges WhatsApp se réduisent », décrivait un militant. Une partie d'entre eux ont un temps atterri à Rosny-sous-Bois. Sans eau, sans électricité et déjà sous le coup d'une décision d'expulsion en juillet 2023. D'autres à Vitry-sur-Seine (Val-de-Marne), ou à la rue[30].

D'autres encore se sont retrouvés un temps à Melun, en Seine-et-Marne. Ce fut le cas de Karbino, en situation régulière et menuisier de profession. Cette double particularité lui a permis, ironie de l'histoire, de trouver un emploi sur le chantier du « Village » olympique. Un CDD de six mois obtenu via une agence d'intérim pour peindre des murs et poser du mastic. « Depuis que je suis en France, je n'ai jamais causé de problème. Pourquoi c'est comme ça ? » Il ajoute que : « Travailler quand on n'a pas de logement, mais comment faire ? » Sans électricité, impossible de recharger son téléphone. Et sans téléphone, comment chercher un logement ?

Beaucoup plus confortablement installés, les ancien·nes du foyer ADEF de Saint-Ouen ont aussi connu des déconvenues. Foussou Diallo fait partie de celleux qui ont obtenu un studio dans une résidence flambant neuf[31]. Elle se trouve en lisière d'un nouveau quartier : la ZAC des Docks. Façade blanche, huit étages, forme cubique collée à la rue. À droite, un garage de camions poubelles. En face, le mur surmonté de fils barbelés et les bennes de déchets d'un groupe pharmaceutique. Il assure : « Ici, rien à dire : c'est grand, c'est propre et c'est pratique pour les transports. » Délégué des locataires, il fait visiter le bâtiment : la salle polyvalente, la blanchisserie, le parking. Tout y est. Même le local à vélo.

Ce qui manque est à la fois physique et immatériel : de l'espace pour être à plusieurs. Les studios individuels débouchent sur un couloir étroit. Le jardin à l'arrière du bâtiment est strictement décoratif, sans table ni banc. Pas de salon pour boire le thé, pas de salle de prière, pas de cuisine collective. « Tout seuls, on n'est pas habitués. Ici il n'y a pas d'espace. Je vais où pour discuter ? » Avant de rentrer dans sa chambre réviser pour sa formation de vigile, il tient à montrer un dernier détail : le trottoir élargi devant l'entrée de la résidence étudiante qui doit ouvrir à côté du bâtiment des travailleurs. « Tu vois la différence ? Ici il y a de l'air, ils ont de l'espace. »

Quant aux anciens « surnuméraires », les locataires fantômes du foyer démoli, ils ont eux aussi disparu dans le grand vide de l'errance urbaine. Sur la dernière liste nominative connue à ce jour, ils semblent avoir été une vingtaine.

« PERSONNE NE DEVRAIT ÊTRE EXPULSÉ DE FORCE AU NOM D'UN ÉVÉNEMENT SPORTIF »

« Personne ne devrait être expulsé de force au nom d'un événement sportif. Personne ne devrait être déplacé en raison d'une célébration culturelle[32] », écrivait le rapport du COHRE en 2007. L'affirmation est incontestablement juste dans son principe.

Officiellement, du côté des organisateurs des Jeux, personne n'accepte de parler d'expulsion. Et encore moins de relation de causalité. En réalité, la situation est complexe. Y voir plus clair est essentiel pour comprendre la nature de la violence olympique.

Reprenons les exemples précédents. Concernant, le foyer ADEF de Saint-Ouen, le doute n'est pas permis : il se trouvait sur l'emprise choisie pour y construire le « Village » des athlètes. La Solideo a d'ailleurs pris en charge la reconstruction et le relogement des résidents[33].

Pour le squat Unibéton, le lien est sinueux, mais plus que vraisemblable. L'immense bâtiment se trouve en bordure du « Village » des athlètes de L'Île-Saint-Denis, destiné à devenir un écoquartier après l'événement sportif. Il ne se situe pas sur le périmètre du site olympique à proprement parler. C'est un bâtiment classé qui ne peut pas être démoli, explique la mairie. Sur cette partie de la commune, un autre écoquartier doit voir le jour bien après les JOP. Rien n'obligeait matériellement à l'évacuer avant les Jeux. Si ce n'est sa proximité immédiate avec un des sites les plus médiatisés et les plus sécurisés au monde. La justice en avait bien décidé l'expulsion dès le début de l'occupation, en 2020. Mais depuis, le propriétaire du bâtiment ne s'était pas retourné contre l'État pour non-recours à la force publique, comme cela se pratique habituellement pour signifier son impatience à la puissance publique.

Pourtant, alors que des négociations s'étaient ouvertes avec la préfecture pour trouver des places en hôtels sociaux pour les familles et les malades, en foyer et en centres d'accueil pour les autres, un ordre d'évacuation est tombé en avril 2023, prenant toutes les parties de court. « L'accélération de l'expulsion a été très opaque : on a été mis devant le fait accompli. Même le préfet semblait le découvrir », résume Mohamed Gnabaly. Le 26 avril 2023, le ministère de l'Intérieur est alors en pleine opération « Wuambushu » à Mayotte. A-t-il voulu profiter de l'attention suscitée par cette action de destruction massive de bidonvilles et d'expulsion de sans-papiers dans l'océan Indien pour évacuer discrètement Unibéton ? La préfecture de Seine-Saint-Denis a formellement démenti le lien avec les JOP[34].

Mais pour Mohamed Gnabaly, « avec les JO, nous sommes une ville plus sensible. Les fragilités sont beaucoup plus fortes et beaucoup plus visibles. Cela amplifie toutes les fragilités sur tous les sujets : sécurité, accueil des migrants, école. » Éric Coquerel, le député LFI, est encore plus direct : « Avec les JO, c'est clair qu'il fallait faire place nette. » Le lendemain de l'expulsion, un comité de pilotage pour la préparation locale des Jeux s'est tenu à la préfecture du 93. Au programme, avancement des chantiers olympiques, présentation des « festivités populaires » : relais de la flamme et olympiades culturelles, des événements organisés par le monde des arts et du spectacle. Circulez, au n° 15 du quai du Châtelier, une fois partis les bus et les centaines de policiers, il n'y avait plus rien à voir.

Dans le cas de la cité Marcel-Paul, l'effet olympique est indirect, mais avéré et historique. Il mérite une attention particulière, car il touche des personnes beaucoup plus protégées par le droit et plus insérées socialement que les travailleurs du foyer ADEF ou les squatteurs d'Unibéton. Chaque année en France des familles sont délogées en raison de travaux dits d'intérêt général : métro du Grand Paris, lignes de train à grande vitesse, autoroutes, etc. La loi les protège partiellement, via des indemnisations ou des accès prioritaires au relogement. C'est le cas à Marcel-Paul, où les dossiers des locataires sont suivis par leur bailleur, Seine-Saint-Denis Habitat. Leur problème se situe à un autre niveau : les pressions exercées pour faire accepter des appartements dérogatoires aux règles habituelles de l'Agence nationale de rénovation urbaine (ANRU)[35]. Ces règles sont protectrices : le nouveau logement ne doit pas se trouver à plus de 5 kilomètres du lieu de vie initial et doit se situer dans une commune limitrophe ; le loyer et les charges à payer ne doivent pas être plus chers et l'habitation doit être de meilleure qualité.

Les ménages, 292 exactement, vivant dans les trois tours à démolir sont locataires de logements sociaux. Ils travaillent ou sont à la retraite et bénéficient de prestations sociales. Pour la plupart de nationalité française, ils bénéficient du droit de vote. Les habitant·es mécontent·es ont créé un collectif d'une petite dizaine de personnes et alerté les médias. Ils disposent d'outils pour se défendre et s'expriment sur les réseaux sociaux. Leurs protestations trouvent pourtant peu d'échos auprès de la mairie. Elles ne sont relayées en conseil municipal que par des élu·es d'opposition sans pouvoir sur les décisions d'aménagement.

Là encore, les décideurs réfutent officiellement tout lien entre la destruction des tours, le relogement de ces 730 personnes – chiffre que personne ne cite officiellement – et les Jeux olympiques. Mairie, bailleur, ANRU, comité d'organisation des Jeux et société chargée de la livraison des ouvrages olympiques : tous veulent séparer l'artiste JO de l'œuvre de la refonte du quartier.

De fait la rénovation urbaine de L'Île-Saint-Denis sud s'est élaborée dès 2015 et 2016, avant le choix de Paris pour les Jeux de 2024. Mais dès que la France a remporté la flamme, la mécanique olympique a été reprise à leur compte par les acteurs institutionnels. « Un projet étroitement lié aux Jeux olympiques et paralympiques 2024 », affirme un chapitre de la convention ANRU adoptée en conseil municipal en octobre 2022[36]. On y lit que : « l'implantation d'une partie du Village olympique et paralympique » est « un des leviers permettant la transformation rapide du quartier dans des délais très serrés ». Une partie des logements sociaux détruits doit être reconstituée dans le « Village » – 50 sur les 286 détruits. La piste d'athlétisme et la Nef de l'Île-des-Vannes, qui s'étendent sur la pointe sud de l'île, juste derrière les tours Marcel-Paul, doivent être réhabilitées pour servir de sites d'entraînement olympique. Le calendrier initial prévoyait d'ailleurs d'avoir terminé le relogement des locataires le 17 décembre 2023, et d'avoir détruit une première tour en mai 2024.

Contrairement à leurs déclarations plus tardives, à l'approche de l'échéance de 2024, les élus locaux avaient dans un premier temps complètement assumé le lien avec les JO. Par exemple, le 10 juin 2020, en conseil municipal, Philippe Monges, délégué à l'urbanisme, explique que « l'avancée des grands projets du territoire et en particulier l'implantation d'une partie du Village olympique et paralympique insuffle une nouvelle dynamique et un nouveau calendrier au projet de renouvellement urbain ». Plus précisément, qu'« il est impératif d'intervenir parallèlement globalement sur l'ensemble du territoire sud de l'île », là où se trouve la cité Marcel-Paul, et qu'il faut « appréhender en tant que Grand Quartier Sud » intégrant les îlots historiques et le « Village » olympique. Car « la proximité géographique des projets » ainsi que « les enjeux stratégiques de diversification résidentielle et de mixité sociale imposent de travailler ces projets dans un calendrier similaire » pour livrer un nouveau quartier à l'horizon 2030[37]. Derrière le vocabulaire de technocrate, le sens de ces phrases est très clair : le calendrier de la rénovation du quartier, et donc du délogement de ses habitant·es, doit correspondre à celui des Jeux.

Quelques mois plus tard, le maire explique à son tour en conseil municipal que, à partir de janvier 2024, « avec les JO, aucuns travaux ne pourront se tenir » et qu'il faut donc « parvenir à réaliser la majeure partie de ces travaux avant cette date ». Y compris la démolition des tours. En juillet 2023, ce calendrier ne semblait plus tenable.

Le 15 décembre 2021, la maire adjointe au logement, Annie Raffenaud, explique en Conseil municipal que, « dans la perspective de l'accueil du Village olympique et paralympique », Plaine Commune et l'État « ont décidé de prioriser notre projet (de rénovation urbaine) au niveau régional », et donc de faire remonter les dossiers de relogement en haut de la pile des demandes d'un parc social plus que saturé.

Ce n'est pas fini. Presque un an plus tard, l'État demande cette fois-ci de « sur-prioriser » l'opération sur les tours Marcel-Paul, explique, le 20 septembre 2022, la vice-présidente en charge de la rénovation urbaine au Conseil territorial de Plaine Commune, l'établissement public intercommunal concerné par les Jeux.

Voilà pour les déclarations publiques. Mais il y a aussi ce qui se dit en coulisse.

Floréale Mangin, élue d'opposition sur une liste citoyenne à L'Île-Saint-Denis, assure un soir en conseil municipal avoir entendu le président de Plaine Commune, et maire de Saint-Denis, Mathieu Hanotin, dire au sujet de la cité Marcel-Paul : « Vous voulez ça pendant les JO ? » dans une vidéo tournée lors d'une visite officielle[38]. Mais entre-temps l'enregistrement semble avoir disparu d'internet. Impossible d'en retrouver la trace.

En off, un membre du cabinet du maire de Saint-Denis et président de Plaine Commune, par ailleurs figure montante du PS, explique que le relogement des habitante·s de Marcel-Paul « est une priorité JO » pour la préfecture « parce que les tours surplombent le Village olympique ». Et que sinon la rénovation aurait trop tardé.

Mais puisque les JO ne financent rien de cette opération de relogement, pourquoi s'obstiner à déloger les habitant·es avant la tenue du méga-événement ?

Mettant sous pression des familles sommées d'accepter des logements parfois trop chers ou trop loin de ce qu'elles souhaitaient. Pour des raisons d'image ? De sécurité ? Pourquoi alors ne pas le reconnaître et se cacher derrière tant de mystères, d'opacité et de déclarations contradictoires ?

Si les JO ne sont pas la cause exclusive du déplacement de ces 1 500 habitantes et habitants de Seine-Saint-Denis, ils en sont le moyen indéniable, et sans doute irréversible. Dans certains cas, ils ont été déclencheurs et dans d'autres accélérateurs. Car le réaménagement urbain constitue le socle de l'héritage promis au 93 par l'organisation des Jeux : construire des infrastructures et des logements pour durer. Les tours de Marcel-Paul seront démolies et remplacées par d'autres bâtiments, plus bas, plus chaleureux, plus humains. La grande dalle va se couvrir de végétation, la cité va s'ouvrir sur la Seine. De beaux écoquartiers vont voir le jour en bordure de Seine. Mais ils ne seront pas pour les habitants délogés de la cité, du foyer et du squat.

Les arbitrages initiaux doivent produire des impacts pérennes. C'est le revers et le non-dit de la promesse de durabilité. Le compte à rebours de la préparation de l'événement accélère et bouleverse le temps de l'aménagement. Il brusque le processus si sensible et si délicat du déménagement subi[39]. Le temps olympique n'est ni celui des villes ni celui des cœurs des mortels. De cette expérience *in vivo* naît le choc de la dépossession.

POST-SCRIPTUM 1 : LA VIGIE DE LA CITÉ

Elle a les yeux mi-clos dans le soleil aveuglant de cette fin de dimanche après-midi. Le menton appuyé sur sa béquille, assise sur le rebord d'une aire de jeux, au pied des tours de la cité, Gnama Camara écoute. Ses voisines et voisins des tours Marcel-Paul, à L'Île-Saint-Denis, racontent leurs déboires avec leur bailleur, Seine-Saint-Denis Habitat. Toutes et tous doivent partir en raison de la rénovation urbaine accélérée par les JO de 2024.

Il y a Jean-Wilson, qui a fui un appartement rongé par la moisissure pour se voir proposer un appartement ancien et dégradé. Fatima, qui ne peut pas faire reconnaître sa cohabitation avec son fils, car il ne vit pas chez elle depuis assez longtemps. Hawa, à qui l'on propose un duplex parce qu'elle a quatre enfants, mais avec un escalier qui l'effraie pour sa petite de 14 mois. Une voisine avec une dette de loyer qui ne peut pas bénéficier du relogement malgré ses quatre enfants. Un père qui tient dans ses bras sa fille de sept mois : ils vivent à cinq personnes dans un appartement qui suinte dès qu'il fait froid. Karim, chauffeur poids lourd en maladie professionnelle à cause des produits qu'il a transportés, qui vient d'accepter un logement plus cher parce qu'il a peur qu'on ne lui offre rien d'autre. Et Marina, la copine et ancienne voisine, tout juste relogée à Saint-Denis, mais qui revient soutenir les familles en attente.

« On raconte, Gnama, mais c'est toi qui vas te retrouver à la rue ! » s'inquiète Fatima. Alors l'auditrice attentive prend la parole. Elle vient de refuser la troisième proposition de relogement que le bailleur est légalement obligé de lui faire : un T5 presque deux fois plus cher que son domicile actuel, car plus grand. La famille vit à sept dans un 52 m² qui moisit à vue d'œil. Son mari, plombier, souffre de problèmes respiratoires chroniques liés à cette insalubrité. Mais la nouvelle adresse, à Saint-Ouen, est un point de deal aussi célèbre que celui de Marcel-Paul : « On nous déloge d'un quartier difficile pour nous mettre dans un quartier difficile. À quoi ça sert ? »

La première offre se trouvait à Stains, à sept kilomètres de là, une ville dans laquelle la famille n'a aucune attache. La deuxième, la plus blessante, à Montreuil : « Quand on a eu le bon de visite entre les mains, on était tellement contents. Mais dès qu'on a ouvert la porte, c'était pire qu'un taudis. » Ces trois refus font sortir la famille de la liste des personnes à reloger en priorité – même si elle défend son droit à d'autres chances en raison de la nature non réglementaire des propositions.

Gnama est sans doute l'une des plus anciennes habitantes de la cité : depuis 1981 avec sa mère et sa sœur, à l'époque dans la tour n° 1. Elle y connaît presque tout le monde. Prend des nouvelles des habitants, fait le suivi de ce qui leur arrive, contacte les journalistes. Reçoit les visiteurs devant les grilles d'entrée de la résidence pour qu'ils ne se fassent pas intimider par les guetteurs. Elle est devenue la vigie du quartier. Celle qui regarde et qui raconte. Mais que, du côté des institutions, on n'écoute pas.

« Au début, on nous a promis l'écoquartier. On a vu les constructions et on s'est dit : pourquoi pas nous. » Opératrice de saisie dans un magasin de mobilier et mère de famille nombreuse, elle ne peut pas se payer un logement suffisamment grand dans le parc privé. Mais au vu des propositions, elle dit qu'ils se sentent comme des « prisonniers » et qu'« ils décident pour nous. C'est fatigant. On a l'impression de faire la mendicité. » Pourtant, « on a grandi ici. Nos enfants grandissent ici. On nous chasse. Le quartier se transforme, les habitants se renouvellent. C'est la triple peine : on est dégagé pendant qu'il se passe de bonnes choses, et l'on nous reloge trop loin dans des trucs pourris encore pires qu'ici. Remettez mon appart à neuf et je reste ici. »

À son tour, Marina s'inquiète : « Elle va se retrouver à la rue ! » Jean-Wilson la reprend : « Alors on ira à la rue avec toi. »

CHAPITRE 2.
OLYMPOLITIQUE

Un matin de mars 2023 dans un garage de camions-bennes servant au ramassage des ordures, à Ivry-sur-Seine, dans le Val-de-Marne. Il fait frais, beau et les yeux piquent du gaz lacrymogène que la police vient de tirer sur les chauffeurs en grève contre la réforme des retraites. Le piquet bloquant l'accès du site vient d'être évacué de force. Farid, délégué syndical, tente de contenir sa colère. Mais pas complètement : « les JO, ils sont pas près d'avoir lieu. Chauffeurs, conducteurs de bus et de métro, si on fait grève, y aura pas de JO[40]. »

Quelques semaines plus tard, le hashtag #PasDeRetraitPasDeJO apparaît sur des réseaux sociaux. Provocation, revanche poétique ou vraie menace ? La seule idée d'un blocage de Paris 2024 par des préavis de grève inquiète suffisamment le gouvernement pour que la ministre des Sports et des Jeux – c'est dans sa fiche de poste – se sente obligée de réagir publiquement : « Ce sont les Jeux des Français.

Ce ne sont en aucun cas les Jeux de l'État, ce ne sont en aucun cas les Jeux du gouvernement[41]. »

Ces JO devenus soudain miroirs d'une colère sociale incandescente auraient pu ne pas avoir lieu faute de participants. En septembre 2017, lorsque Paris est officiellement désignée ville-hôte pour 2024, elle est la seule et unique candidate. Los Angeles s'est retirée en août, ayant obtenu les Jeux de 2028[42] moyennant une conséquente rallonge financière. Le Comité international olympique peut souffler : il vient de gagner dix ans de répit[43].

Car dans presque toutes les villes qui avaient envisagé de candidater, des habitant·es se sont opposé·es à cette perspective. En 2015, le camp du non aux JO remporte un référendum à Hambourg, avec 50 % de participation : l'Allemagne renonce, malgré l'issue favorable d'une autre consultation, à Kiel, mais avec très peu de votants[44]. À Rome, la maire tout juste élue Virginia Raggi, issue du Mouvement 5 étoiles, retire en septembre 2016 une candidature qualifiée d'« irresponsable » : « Nous ne voulons pas que le sport serve de prétexte pour faire disparaître une ville sous le béton », annonce-t-elle[45]. À Budapest, une pétition signée par 266 000 personnes contraint le Conseil municipal à abandonner la course en février 2017, malgré la volonté du Premier ministre Viktor Orban d'accueillir les JO[46]. Même rejet par vote populaire, cette fois-ci pour les Jeux d'hiver de 2022 : Munich[47] en 2013, Saint-Moritz, Davos[48] et Cracovie[49] renoncent en 2014. Aux États-Unis, Los Angeles est choisie, car à Boston la colère grondait contre le Goliath olympique, forçant l'édile Marty Walsh à jeter l'éponge : « Nous ne devrions jamais aménager nos villes autour d'événements de trois semaines ni aménager nos villes autour de leurs visiteurs[50] », résume

Christopher Dempsey, initiateur de la campagne « No Boston Olympics ».

Et à Paris ? Les raisons de l'emballement olympique restent finalement assez mystérieuses. Car à la différence de ce qui s'est produit ailleurs, non seulement la population n'a pas consultée, mais l'absence de processus démocratique fut même un argument mis en avant par la France : « La candidature est massivement soutenue par le public. Il n'y aura pas de référendum[51] », pouvait-on lire dans le dossier officiel de candidature. Et pour que les choses soient bien claires à la lecture de son paragraphe n° 79 : « Aucun mécanisme juridique ne peut obliger à organiser un référendum sur les Jeux. »

Si la vie est pleine de surprises, en Olympie, les coups de théâtre sont légion. Car les Jeux à Paris en 2024 n'étaient pas du tout au programme. Quand Anne Hidalgo est élue maire de Paris, le 5 avril 2014, elle dit ne pas vouloir porter la candidature de sa ville. L'opposition aux JO est une conviction ferme et proclamée d'Europe Écologie Les Verts avec qui elle s'est alliée. Et l'échec de Bertrand Delanoë en 2012 à ramener les Jeux à la maison a créé un traumatisme durable à l'Hôtel de ville. Il s'y dit même ouvertement que cela lui a coûté la suite de sa carrière politique.

Pendant la campagne, Anne Hidalgo prend ses distances avec l'événement en conférence de presse : « Les Jeux, ça coûte cher, y compris la candidature en soi coûte cher, et les Jeux dispendieux, je crois que ce n'est plus du tout d'actualité[52]. »

Un peu plus de trois ans plus tard, elle donne son feu vert à la candidature. Que s'est-il passé ?

Pour comprendre la volte-face d'Anne Hidalgo, il faut revenir à cette année 2014. Peu soucieux des engagements de la campagne de la maire de Paris, le président François Hollande clame vite son souhait d'organiser les Jeux. Élu en 2012, l'année des JO de Londres, il pousse les feux. Le 6 novembre 2014, lors d'une intervention en majesté sur les deux plus gros médias nationaux TF1 et RTL, il déclare : « C'est très important parce que ça sera un moment de ferveur et surtout ça fera plein d'équipements avant, plein d'emplois, plein d'industries qui pourront se montrer[53]. » Son Premier ministre Manuel Valls, alors en déplacement à l'étranger, se fend d'une déclaration solennelle : « Il faut être capable aussi d'organiser de très grands événements en France avec la ville de Paris. Il ne faut pas avoir peur de donner à la France davantage de force et les Jeux olympiques doivent représenter un beau moment[54]. » Une étude d'opportunité est lancée avec le soutien officiel de la ministre de la Jeunesse et des Sports, Najat Vallaud-Belkacem. Le gouvernement socialiste de l'époque, qui cherche à attirer en France les méga-événements, se positionne sur tous les créneaux : COP21, JO, Exposition universelle, Coupe du monde de rugby.

La maire de Paris contredit le clan présidentiel lors d'une conférence de presse : « Avoir des rêves, c'est magnifique. Les réaliser, c'est encore mieux[55]. » Mais son ton change avec la parution, en février 2015, de l'étude d'opportunité de Bernard Lapasset, président du Comité français du sport international (CFSI), ancien président de la Fédération française de rugby et haut dirigeant du sport français.

La remise de ce rapport fait l'objet d'une mise en scène soignée, soucieuse du poids politique de chacun : d'abord dans les salons de l'Hôtel de ville, puis de l'Hôtel de région, enfin au ministère des Sports[56]. Le document fait l'effet d'un sémaphore qui passe au vert : la voie est désormais grande ouverte à la candidature de Paris. Ce qui semblait impossible devient réaliste. La montagne budgétaire ? Un monticule. De quel chapeau magique a bien pu surgir le petit lapin olympique ?

Il y a tout d'abord le décorum patriotique : « Mettre en lumière ce que la France a de mieux », vouloir « que la France fasse de nouveau école », favoriser « la fierté nationale[57] ». Mais il y a surtout le tour de passe-passe d'un slogan qui va tout emporter : « Les Jeux financent les Jeux ». Distinguant l'événement sportif des infrastructures à construire pour qu'ils se tiennent, le rapport permet d'affirmer qu'il n'y aura « pas d'argent public mobilisé pour financer l'organisation des Jeux ».

Les compétitions, la venue des athlètes, la cérémonie d'ouverture, les actions de communication sont organisées par le COJO avec l'argent du CIO, de la billetterie et des sponsors. Tandis que la construction du Village des athlètes, du Village des médias, du centre aquatique olympique, de l'Adidas Arena porte de la Chapelle seront, eux, financés par des montages de budget public et d'investissements privés (voir les chapitres 4 et 5).

Cette distinction, aiguisée par la focalisation médiatique sur l'aspect événementiel des Jeux, semble faire disparaître tout problème budgétaire. « L'investissement spécifique nécessaire pour les Jeux peut en réalité s'évaluer à environ 1 milliard d'euros, à répartir entre maîtrise d'ouvrage publique et privée », annonce le rapport. Une paille au regard des 15 milliards de dollars qu'ont coûté les JO de Londres en 2012[58].

Pour arriver à un chiffre aussi bas, d'importantes dépenses n'ont pas été prises en compte : le budget du COJO est sous-estimé à 3,2 milliards d'euros – alors que fin 2022 il était déjà réévalué à 4,4 milliards d'euros[59], soit une hausse de 37,5 % – et 2 milliards de coûts d'infrastructures « déjà programmées ou envisagées » avant les Jeux sont déduits du budget global. Contrairement à ce qui s'est passé dans les autres villes qui étaient sur les rangs, personne ne prend la peine de contre-expertiser les chiffres avancés par le lobby olympique français. Les montants prévus sont pourtant très en deçà des budgets prévisibles.

Mais en ce début de 2015, la France est sous le choc après les attentats qui ont frappé le journal *Charlie Hebdo* et le magasin Hyper Casher de la porte de Vincennes, précédés du meurtre d'une policière à Montrouge. Dix-sept personnes sont assassinées en trois jours par les frères Kouachi et Amedy Coulibaly. La peur surgit et l'émotion est immense : quelques jours plus tard, près de 2 millions de personnes descendent dans la rue contre la violence terroriste. C'est la plus grande manifestation jamais recensée dans le pays. En tête de cortège, François Hollande défile entouré d'une cinquantaine de chefs d'État et membres de divers gouvernements qui se tiennent par le bras : « Paris est aujourd'hui la capitale du monde », déclare le président de la République[60]. Le slogan « Je suis Charlie » devient un cri de ralliement pour une ville touchée en son cœur, et est repris presque comme un hymne national, une nouvelle Marseillaise.

Confrontation à l'ultraviolence, élan de solidarité inespéré : dans l'histoire de Paris, le mois de janvier 2015 marque un tournant. L'expérience bouleverse celles et ceux qui l'ont vécue. Ces événements ont-ils joué un rôle dans le ralliement de la mairie aux JO ? Lors du conseil municipal exceptionnel qui fait suite à l'obtention des Jeux, Anne Hidalgo en parle sur un mode très personnel : « Ma petite fille avait à peine un an en janvier 2015, l'année des terribles attentats qui ont frappé le cœur de Paris, la porte de Vincennes où j'habite, et l'année où nous avons décidé de porter la candidature aux Jeux olympiques. » Elle ajoute : « Comme beaucoup de Parisiens, elle aura dix ans en 2024 et j'ai envie que cette génération de 2024 soit la génération de la paix et du partage[61]. » Le rapport de Bernard Lapasset se référait aussi, dès son introduction, aux attentats : « Les événements tragiques qui se sont déroulés à Paris en janvier 2015 ont, plus que jamais, mis en évidence l'enjeu que représente également le vivre-ensemble pour la France[62]. »

Ce *momentum* parisien prend d'autant plus d'ampleur, que depuis plusieurs années, la capitale française cherche à rayonner sur la scène internationale. Face à une région Île-de-France passée à droite et à la création de la métropole du Grand Paris, « chacun a tendance à se replier sur son territoire et à vouloir exister par lui-même », à rebours des collaborations entre territoires qui existaient auparavant, décrit l'architecte Bernard Landau, ancien adjoint d'Élisabeth Borne à la direction de l'urbanisme de Paris, sous le mandat de Bertrand Delanoë, et fondateur de l'association La Seine n'est pas à vendre[63]. Déjà première destination touristique au monde, Paris veut être encore plus visible, encore plus célèbre, encore plus attractive. C'est aussi le moment où « la façon d'aménager le territoire devient un intérêt majeur pour les fonds d'investissement internationaux », poursuit-il, créant un « urbanisme ultralibéral » très favorable au capitalisme festif des méga-événements (voir le chapitre 3).

Cette montée en puissance politique et symbolique des villes est soutenue par de puissants acteurs économiques et financiers. Fondé par le milliardaire et ancien maire de New York Michael Bloomberg, le réseau Cities Climate Leadership Group (C40) promeut les initiatives privées pour accélérer la transition énergétique des grandes capitales du monde. Au programme : « diplomatie des villes » mais aussi start-ups, appels à projets « innovants », financement par les stars de la philanthropie internationale – fondations Bloomberg et Clinton. Anne Hidalgo en devient présidente en 2016 ; elle est réélue en 2023.

Une alliance se noue immédiatement avec le futur événement Paris 2024. « L'élection d'Anne Hidalgo [à la tête du C40] réaffirme le statut de Paris en qualité de leader mondial pour les initiatives durables » prend la peine de déclarer Tony Estanguet, futur président du COJO, alors en charge du comité de candidature. Sur un ton quasi présidentiel, il ajoute : « Au nom de Paris 2024, je voudrais féliciter la maire de Paris pour son élection à la présidence du C40. Ceci constitue un élément très important[64]. »

Deux ans plus tard, le C40 et le CIO annoncent un accord dans le but d'« organiser des Jeux olympiques résolument durables[65] » depuis l'un des plus célèbres paradis fiscaux : Monaco. C'est le prince lui-même, champion incontesté du *greenwashing* institutionnel, et président de la commission « durabilité » et « héritage » du Comité olympique, qui dévoile l'engagement.

Au fond, existe-t-il un événement plus célèbre, plus grand public, et plus fédérateur que les Jeux olympiques ? Et comment ne pas y voir une aubaine politique quand, exerçant la fonction prestigieuse d'édile de la capitale de la France, on rêve d'un destin présidentiel ? C'est peut-être le pari personnel qu'a voulu se lancer Anne Hidalgo : profiter de la lumière des olympiades pour gagner en prestige et renforcer ses chances d'accéder un jour à la tête du pays.

DERRIÈRE LES JEUX OLYMPIQUES ET PARALYMPIQUES, L'ÉTAT

À en croire le camp français, c'est le positionnement du mouvement sportif comme « chef de file de la démarche[66] » qui a fait gagner la candidature de Paris 2024. En rupture avec la campagne ratée de 2012, organisée par et autour de celui qui était encore maire de Paris, Bertrand Delanoë.

La réalité, c'est que l'État tout entier s'est mis en branle pour les JO. « Je voulais ici vous redire l'engagement complet de tout un pays derrière ces Jeux », s'enflamme le jeune président de la République Emmanuel Macron dans un message vidéo de soutien, en septembre 2017 : « Les valeurs olympiques sont nos valeurs[67]. » Avec son art consommé de porter parfois la voix du pouvoir, *Le Monde* proclame dans un édito d'anthologie, qui est une déclaration d'amour et d'adhésion sans faille au projet : « Paris mérite d'organiser les JO de 2024[68] ».

Ces déclarations ne sont pas qu'une façade. Réélu en 2022, Emmanuel Macron préside lui-même à l'Élysée des « Conseils olympiques et paralympiques » installés à partir de juillet 2022. Et la Délégation interministérielle aux Jeux olympiques et paralympiques (Dijop), qui coordonne les services de l'État et les acteurs impliqués dans l'organisation du méga-événement, est suivie de très près par la tête de l'exécutif : Jean Castex en était le directeur avant d'être nommé Premier ministre. C'est l'ancien préfet de police Michel Cadot, homme de confiance nimbé de l'aura de grand serviteur de l'État, qui lui succède en 2020[69].

Depuis « la victoire[70] », pas un ministère, pas une administration, pas un service public qui ne se mêle ou se réclame de Paris 2024. Tous les acteurs publics sont sommés de manifester leur enthousiasme olympique : déclarations ferventes, demandes faites aux associations subventionnées de prendre des initiatives en lien avec les olympiades. Y compris de façon inattendue.

En 2019, l'Agence nationale de la recherche (ANR) ouvre un appel à manifestation d'intérêt affublé d'une date de péremption très précise : l'été 2024. Devenu le principal vecteur de financement des projets scientifiques publics, l'organisme cherche à améliorer la « très haute » performance sportive et appelle les chercheuses et chercheurs à lui proposer des projets : équilibre psychique et émotionnel, *big data* et intelligence artificielle, quantification des charges d'entraînement[71], etc. « La France ambitionne de doubler le nombre de médailles » par rapport aux précédentes olympiades, explique le dossier. Et pour y parvenir, elle compte « mobiliser les forces scientifiques françaises au service des sportifs de très haut niveau ». Les débouchés doivent être concrets, utiles et efficaces. Car les résultats seront « exploités par les meilleurs athlètes français » afin qu'ils puissent « atteindre la plus haute performance aux Jeux de 2024 ». Budget ? Vingt millions d'euros. À l'heure où la précarité explose à l'université et où les recrutements dans la recherche se réduisent comme peau de chagrin, le montant scandalise au sein de la communauté scientifique.

Treize grandes écoles, une université et deux centres de recherche vont ainsi créer Science 2024, une alliance « en or » entre sport et sciences[72]. On y trouve les plus prestigieux établissements français : Polytechnique, Ponts et chaussées, Centrale Lyon, École normale supérieure. Sciences Po n'est pas en reste avec l'organisation d'un cycle de conférences de trois ans sur les impacts sociétaux des Jeux, qui lui permet, au passage, de valoriser sa formation payante réservée aux sportifs de haut niveau.

Autre palme dans l'art de se trouver là où on ne vous attend pas : l'Agence française de développement (AFD). Institution publique dédiée à la lutte contre la pauvreté dans le monde, elle a multiplié les partenariats avec Paris 2024. Création d'un incubateur pour aider des sportifs de haut niveau à créer leur entreprise (« l'impact 2024 »), distribution de 1,4 million d'euros en trois ans afin de soutenir des projets liant sport et développement pour améliorer la santé et l'égalité entre les genres (« impact 2024 international »). Détection des athlètes malvoyants, accès des filles au sport, transformation de décharge en terrain de foot, etc. « Paris 2024 a cherché à traduire dans le reste du monde son ambition de changer les vies grâce au sport », déclare, en toute modestie, Tony Estanguet, en qualité de président du COJO[73]. Il reste à espérer que, sur le terrain, la mise en œuvre soit à la hauteur des promesses de ce qui ressemble au premier abord à une belle opération de marketing humanitaire.

À l'intérieur des frontières françaises, une autre institution financière publique essentielle, notamment parce qu'elle est le premier financeur du logement social, vit un intense moment JO. En juillet 2023 la Caisse des dépôts et consignation a signé une convention de partenariat avec Paris 2024 pour en devenir un « partenaire officiel » – un sponsor, en d'autres termes. Une façon de valoriser ses investissements dans le Village des athlètes, via ses filiales Icade et CDC Habitat (voir le chapitre 4).

La ronde des services publics continue avec la RATP, sans doute l'une des entités qui connaît la pression la plus forte. Car comment faire pour transporter les futurs visiteurs quand on ne connaît pas leur nombre ? L'opérateur a dû lancer en 2023 une vaste campagne de recrutement de conducteurs de bus et de métro, d'agents de gare, de métiers de la maintenance. Elle a aussi été obligée de sécuriser son approvisionnement en câbles électriques pour assurer le fonctionnement de la ligne 14, devant relier l'aéroport d'Orly à la gare de Pleyel, située à côté du « Village » olympique. La guerre en Ukraine avait perturbé la fourniture de matériel en cuivre, si bien qu'un « point critique » avait été atteint. Plus grave : en juin 2023, soit à un peu plus d'un an du début de l'événement, le plan de transports des JO n'était toujours pas prêt[74].

La nomination de l'ancien Premier ministre – et homme du sérail olympique, car ancien délégué interministériel aux Jeux – à la tête de l'opérateur de transports dit tout : l'importance stratégique des transports et l'impérieuse nécessité de leur bon fonctionnement. Et surtout : l'inquiétude de pouvoir faire face à l'obstacle à franchir. Car la feuille de route de Jean Castex est loin d'être simple : il lui faut résoudre de nombreux problèmes techniques et, au moment de l'événement, éviter à tout prix les grèves et les accidents.

Dans la grande famille de l'État olympique, on pourrait encore citer EDF, l'opérateur public d'électricité, autre partenaire officiel des jeux. Si l'on ajoute ADP (ex-Aéroports de Paris), Air France, et la

Française des jeux qui ont tous l'État à leur capital, ça commence à faire beaucoup d'argent public dans le sponsoring supposé entièrement privé des Jeux. Sans oublier Enedis, la Poste et la SNCF, tous fournisseurs de service à Paris 2024, ce qui leur vaut le titre de « supporters officiels » des JO[75].

Mais le cas des préfectures, et donc du ministère de l'Intérieur, est encore plus intéressant. Car au-delà de leurs missions classiques de maintien de l'ordre, elles ont joué en arrière-plan un véritable rôle d'organisation et de facilitateur des Jeux. Ce fut particulièrement visible dans l'affaire des jardins ouvriers des Vertus, à Aubervilliers.

Rappel des faits : nous sommes en juin 2020, quelques jours après le deuxième tour des élections municipales. De façon inattendue, la gauche vient de perdre ce bastion historique et, pour la première fois, Aubervilliers passe à droite. Dans l'état de stupeur démocratique qui a suivi le confinement, la maire communiste sortante Meriem Derkaoui décide dans les toutes dernières heures de son mandat de signer un contrat de délégation de service public autorisant la construction d'une piscine olympique dotée d'un espace dédié au bronzage dans le quartier défavorisé du Fort d'Aubervilliers. Les plans conçus par l'entreprise Spie Batignolles prévoient de construire cet équipement sur environ 4 000 m² de jardins ouvriers.

Pour empêcher la destruction de ces parcelles vivrières cultivées depuis le début du siècle par des habitant·es d'Aubervilliers et de communes proches, une mobilisation s'organise. Très vite, la nouvelle maire Karine Franclet (UDI) est convoquée par le préfet qui lui déconseille fortement d'annuler le contrat. La sous-préfète du département, elle, invite plusieurs personnes impliquées dans la mobilisation naissante pour discuter. Sympathique, elle leur offre le thé et évoque son goût pour le jardinage. Elle essaie surtout de convaincre ses interlocutrices qu'il est inutile de s'opposer au solarium. C'est plié, la décision est prise. Surtout, comment remplacer les 10 millions d'euros – sur 33,6 millions en tout[76] – promis par la Solideo, l'établissement public chargé de construire les infrastructures des JO ?

Près d'un an plus tard, le 2 septembre 2021, cette même haute fonctionnaire commande en personne l'évacuation par la police des opposant·es qui avaient monté un petit campement d'occupation des jardins menacés, la « JAD », comme « Jardins à défendre » (voir le chapitre 6). Le 10 février 2022, la cour administrative d'appel de Paris donne raison aux activistes : il n'était pas légal de détruire ces jardins[77]. Mais c'est trop tard : les pelleteuses ont déjà causé des ravages, la zone prévue pour le solarium est devenue un vaste trou, et sept personnes sont poursuivies pour avoir bloqué une bétonnière – elles seront toutes relaxées de ces charges en septembre 2022[78]. Je suis l'une de ces personnes.

Que nous dit cet épisode ? Que l'État a tenté un passage en force. Mais surtout, que l'événement olympique est complètement assimilé, digéré, approprié par les agents de l'État, devenus des quasi-VRP des Jeux. Cela a eu des retombées, directes ou indirectes, sur d'autres projets d'aménagement.

La loi olympique de 2017 a imposé la cour administrative d'appel de Paris comme premier et dernier recours des contentieux en lien avec les JO, afin de raccourcir les délais de jugement et de ne pas bloquer l'avancée des chantiers. Était concerné tout équipement, du moment qu'il était « nécessaire aux jeux, même en partie seulement ». Dans le cas du tronçon nord de la ligne

17 du Grand Paris Express, menaçant d'artificialiser les précieuses terres agricoles du Triangle de Gonesse, dans le Val d'Oise, cette exception olympique a joué en faveur de l'avancement des travaux, comme l'analyse le chercheur Stéphane Tonnelat[79]. Car « le cheminement de l'affaire » entre différentes cours se renvoyant le dossier a permis au chantier d'avancer alors même qu'*in fine* le Conseil d'État a jugé que la ligne n'était pas concernée par les JO.

L'événement olympique n'est plus extérieur à la puissance publique. Comme la mondialisation néolibérale depuis les années 80, les Jeux olympiques n'existent que parce qu'ils sont devenus une couche endogène de l'appareil étatique. Un projet coulé dans le béton armé de l'« intérêt général » et de l'« utilité publique ». Sans que personne n'ait trop eu son mot à dire.

POST-SCRIPTUM 2 : UN AUTRE OLYMPISME ÉTAIT POSSIBLE

Il y a des bicycles et du jeu de paume au-dessus de filets tendus sur la pelouse de Madrid, au cœur du bois de Boulogne, et de l'équitation au manège de l'Étoile. Mais aussi des épreuves de natation dans les thermes de la ville de Paris, du tir dans un stand de la rue Copernic et du saut au gymnase Voltaire.

Du 16 au 23 juin 1889, se tient le premier « Lendit de Paris ». La fête s'inspire d'une célébration médiévale, « la foire du Lendit » qui s'est d'abord tenue au XIVe siècle au Pré-aux-Clercs, une prairie aujourd'hui disparue près de l'abbaye de Saint-Germain-des-Prés, puis dans la plaine Saint-Denis – là où se dresse désormais le Stade de France, un des principaux sites des JO de 2024.

La coupe en argent, montée sur un socle de marbre pour récompenser les vainqueurs, doit constituer « un prix collectif perpétuel », conservé un an par l'établissement arrivé en tête. Car la compétition sportive oppose des écoles, collèges, lycées et facultés, et est pensée comme une expérience éducative pour les élèves. La Ligue nationale d'éducation physique parvient à l'organiser trois années consécutives, jusqu'en 1891.

Cet organisme a été créé par un contemporain et rival de Pierre de Coubertin : Paschal Grousset qui, selon son biographe, le chercheur Xavier Noël, tenta le premier de réactiver la pratique antique des Jeux d'Olympie[80]. Journaliste, auteur de récits futuristes, membre de la Commune dont il fut l'éphémère délégué aux relations extérieures, déporté en Nouvelle-Calédonie après la semaine sanglante, puis de retour à Paris après l'amnistie des Communard·es, Grousset est une figure du Paris politique et littéraire de la fin du XIXe siècle. Presque oublié aujourd'hui, il fut pourtant impliqué dans la retentissante affaire Victor Noir, du nom de ce journaliste assassiné par un cousin de Napoléon III en 1870.

Avec d'autres figures de la Commune, il s'enfuit de Nouvelle-Calédonie et se réfugie en Angleterre. Là, il dit découvrir la place des exercices physiques dans le système éducatif britannique. De retour en France, il se lance dans une campagne pour faire sortir les élèves des salles de classe et les former aux activités sportives. Pour séduire les jeunes esprits, il a l'idée d'organiser des « jeux scolaires ». Et en 1888, il déclare : « les Jeux olympiques, le mot est dit, il faudrait avoir les nôtres. »

Dans son livre, Xavier Noël détaille les arguments développés par Grousset en faveur de l'éducation physique des jeunes : une meilleure santé, des qualités morales, la force physique. Il explique surtout que sa vision des Jeux olympiques s'opposait à celle que construit au même moment Pierre de Coubertin. Paschal, l'ancien Communard, veut un accès gratuit pour tous les élèves, y compris les femmes, aux activités sportives, tandis que son rival assume une position élitiste, considérant que la classe dominante doit donner l'exemple et que la compétition sportive doit être réservée aux hommes : « Grousset a une vision sociale du sport et défend l'initiative individuelle et la méritocratie, tandis que Coubertin a une conception très différente des rapports sociaux, fidèle à l'aristocratie. Le premier est progressiste, le second conservateur[81]. »

C'est Coubertin qui prendra finalement l'ascendant et fondera le Comité international olympique (CIO). Et les premiers Jeux modernes se tiendront à Athènes en 1896. Mais le souvenir de l'œuvre de Grousset active un autre imaginaire de l'olympisme : plus proche de ce qui deviendra le mouvement d'éducation populaire, avec sa défense de l'idéal égalitaire et des grandes avancées sociales, bien loin de la célébration fanatique de la performance individuelle et d'États qui utilisent le sport comme instrument de puissance.

CHAPITRE 3. FOLLOW THE MONEY[82]

Il y a de l'atome dans l'anneau olympique. De la radioactivité dans la soupe des Jeux. Il existe un point commun entre l'événement sportif et les centrales nucléaires, et ce n'est pas le génie français. Dans les deux cas, la facture finale coûte toujours beaucoup plus cher que prévu : les États ne se lancent pas assez souvent dans ce type de mégaprojets pour être capables d'en maîtriser les coûts.

C'est la thèse du chercheur Esbjörn Segelod, théoricien de l'organisation, qui a calculé qu'entre 1968 et 2012 les Jeux olympiques ont en moyenne dépassé leur budget initial de 300 %[83]. C'est bien plus que les autres grands projets, pourtant gravement déficitaires, qu'il a étudiés : le tunnel sous la Manche (80 % au-dessus des prévisions), un oléoduc trans-Alaska (12 fois plus cher qu'attendu), l'opéra de Sydney en Australie (14 fois plus coûteux). À cette liste, on pourrait lui suggérer d'ajouter le réacteur EPR en construction à Flamanville, dans la Manche : + 479 %[84].

C'est le syndrome de « l'éternel débutant », avancent d'autres chercheurs : les personnes chargées de mettre en œuvre les JO ne l'ont jamais fait auparavant et les organisent sur des sites qui ne les ont jamais accueillis – ou pas depuis plusieurs décennies[85].

Segelod prend l'exemple des programmes de gestion des déchets nucléaires et remarque que l'estimation de leurs coûts est rendue particulièrement difficile par les très nombreux facteurs en jeu : évolutions technologiques, inflation, cours de l'uranium, prix du pétrole, changement dans les règles de sûreté, arbitrages politiques. Si bien que le coût financier *stricto sensu* n'est qu'un critère parmi bien d'autres, au point de pouvoir devenir secondaire au moment de la prise de décision.

C'est aussi, selon lui, l'une des explications du renouvellement des candidatures des villes pour en devenir l'hôte. Organiser les Jeux olympiques ou des championnats du monde devient souvent « un désastre économique », mais « cela ne semble pas compter » : d'autres avantages sont mis en avant, comme l'affluence touristique ou la hausse des valeurs immobilières. Des raisons inavouées entrent en jeu, comme le rêve de conjurer la mort en se jetant à corps perdu dans l'organisation de projets insensés.

Conséquence paradoxale : ce type d'événement est populaire aux yeux des contribuables qui pourtant devront en payer la facture. Nucléaire ou JO : l'argument du coût final « semble bien moins important que pour un projet ordinaire, fondé sur des raisons économiques rationnelles[86] ». Ils suscitent des attentes qui dépassent les critères habituels de la bonne gestion de l'argent public.

En 2013, Tokyo a été choisie pour tenir les JO, deux ans seulement après la catastrophe de Fukushima. « Les potentiels impacts de la contamination radioactive étaient une menace sérieuse » pour la candidature de la capitale japonaise : radioactivité toujours élevée autour du réacteur accidenté, population déplacée, eaux et terres contaminées accumulées dans d'innombrables sacs. Mais l'idée que cette situation était incompatible avec l'organisation du plus giga des mégaprojets « n'était pas partagée par la nation[87] » constate l'auteur et activiste japonais Sabu Kohso, indigné par cette indifférence.

Les JO de Tokyo sont ainsi devenus « une opportunité pour l'industrie nucléaire mondiale », remarquent les autrices et auteurs d'*Oublier Fukushima* : « Si des athlètes du monde entier peuvent jouer au baseball dans un stade de la ville de Fukushima, il va sans dire que l'on peut y vivre. » Et si « même une catastrophe nucléaire de niveau 7 n'empêche pas la tenue des JO dans et autour d'une capitale contaminée, alors rien ne pourra plus jamais entraver la marche du nucléaire[88] ». De ce fait, Kohso voit un point commun entre l'olympisme et l'atome : être une force motrice et constitutive du capitalisme mondialisé que rien ne peut arrêter une fois lancée. Les conséquences sont alors forcément catastrophiques, que l'événement ait lieu ou qu'il soit annulé, en raison des coûts humains et financiers d'un éventuel renoncement. « C'est le pari méphistophélique » d'un monde dirigé par la logique olympique, écrit-il.

Le 25 mars 2021, la flamme olympique part de Naraha, la préfecture de Fukushima. Le complexe sportif J-Village rénové pour l'occasion avait servi de base aux opérations de secours de 2011. Mais dix ans après le tsunami et l'accident nucléaire, le monde est cette fois-ci frappé par la pandémie de Covid. Les Jeux se déroulent en grande partie sans public.

La célébration de la renaissance de Fukushima s'en trouve éclipsée.

L'ÉCONOMIE DYSFONCTIONNELLE DES JEUX OLYMPIQUES

La loi de l'explosion budgétaire va-t-elle à son tour frapper les Jeux de Paris 2024 ? Écarter par principe cette hypothèse serait absurde, malgré les nombreuses déclarations publiques de Tony Estanguet, le président du COJO, et de Nicolas Ferrand, le directeur général de la Solideo, l'établissement public chargé de construire les ouvrages olympiques (voir le chapitre 5).

Car un constat met tout le monde d'accord : les JO, c'est plus grand que tout. « Le plus grand événement logistique mondial par temps de paix », résume Nicolas Ferrand, dans un mélange d'excitation et d'inquiétude. Paris attend 10 500 athlètes, 50 000 volontaires, 25 000 journalistes – huit fois plus de personnels des médias que pendant le sommet du climat COP21 en 2015. En clair : « On est dans quelque chose qui est XXL[89]. » Chargée par l'État de contre-expertiser la chose, la Cour des comptes reste dans la thématique : « des moyens considérables[90] » ont été engagés.

Mais combien ?

À l'université d'Oxford, en Grande-Bretagne, des chercheuses et chercheurs se sont spécialisé·es dans l'étude de l'économie des mégaprojets. Au sujet des JO, leur conclusion est sans appel. Parmi tous les giga-événements analysés (expositions universelles, coupes du monde, grandes foires internationales, infrastructures, etc.), les olympiades se distinguent par deux caractéristiques : leur déficit est systématique et colossal par rapport aux dépenses prévues. C'est simple : « Aucun autre type de mégaprojet ne présente une telle constance dans son excès budgétaire[91]. » Entre 1960 et 2016, les Jeux ont en moyenne coûté 172 % de plus que prévu – en données corrigées de l'inflation – selon leurs calculs, qui diffèrent de ceux de Segelod par le périmètre de ce qui est mesuré, mais aboutissent à la même conclusion d'un dépassement considérable[92]. Par comparaison, dans la construction de routes, ils tournent habituellement autour de 20 %, pour les grands ponts autour de 34 %, pour le rail autour de 45 %. Les grands barrages, travaux pharaoniques entre tous, connaissent un surcoût de 90 % et les grosses infrastructures de technologies de l'information peuvent déborder de 107 %[93]. Une anecdote par rapport aux JO d'été, les plus dispendieux : ils explosent les compteurs en moyenne de 252 % – selon une estimation de 2016. Certains événements « rentrent de temps en temps dans leur budget ». Les JO jamais.

Le pire exemple, celui qui doit hanter les nuits de tous les commissaires aux comptes, est celui des Jeux olympiques de Montréal, en 1976 : +720 %. Un cauchemar budgétaire que la ville a mis 30 ans à rembourser. Il est d'autant plus piquant que le maire de la ville canadienne, Jean Drapeau, aurait déclaré en amont que « les JO de Montréal ne peuvent pas plus avoir un déficit que les hommes ne peuvent porter d'enfant[94] ». Cinquante ans après, rien ne va plus dans cette phrase. Mais un demi-siècle d'histoires nous éloigne de cet exemple ressassé qui ne suffit plus en lui-même à sonner l'alarme. Surtout, le mode de financement des Jeux a depuis complètement changé : aux fonds municipaux et aux droits de diffusion s'ajoutent désormais des milliards de dollars fournis par la publicité et les sponsors[95].

Entre 2007 et 2016, les JO ont en moyenne coûté 12 milliards de dollars – sans compter les routes, rails, aéroports, hôtels et autres infrastructures souvent construites pour ces événements. Sur la période, les Jeux d'été ont dépassé leur budget de 5,2 milliards de dollars (niveau 2015). Les olympiades d'hiver sont en général un peu plus raisonnables, avec un dépassement contenu à 3,1 milliards. Même s'il y a une exception : les Jeux de Sotchi, en Russie, qui ont été à ce jour les plus chers, 21,9 milliards de dollars (+289 %). Les JO de Londres marquent un autre record récent avec 15 milliards de dollars de dépenses (+72 %), malgré les engagements du maire travailliste Ken Livingstone. À Athènes en 2004, les jeux ont coûté beaucoup plus que prévu (+49 %), accélérant la chute du pays dans le marasme économique et social de la crise de 2008.

« Concernant les JO, le budget s'apparente à un minimum fictif qui est constamment dépassé », écrivent les spécialistes d'Oxford. Pourtant les villes hôtes signent des contrats qui les obligent à couvrir les dépassements budgétaires et les déficits. « Nos données suggèrent que cette obligation » dans le cas des Jeux « est l'équivalent d'un chèque en blanc pour un achat dont il est certain qu'il coûtera plus que prévu[96] ».

Alors que la critique des JO dénonce régulièrement « les éléphants blancs », ces constructions gigantesques et inutilisables dans un autre contexte, il est à noter que les chercheurs d'Oxford ne comptabilisent pas dans leurs calculs les routes, rails, hôtels, aéroports souvent bâtis à l'occasion des jeux. Dans l'exemple de Paris 2024, ils n'intégreraient pas le coût du Grand Paris Express ni de la ligne Éole. Ce qui semble très contestable dans la mesure où la réalisation des olympiades dépend *a minima* du prolongement de la ligne 14 jusqu'à la nouvelle gare de Pleyel, près du « Village » des athlètes et du Stade de France, ainsi que du RER E, qui desservira la ville de Vaires-sur-Marne, en Seine-et-Marne, où se dérouleront les épreuves d'aviron et de canoë-kayak, en passant par la porte Maillot où se trouvera le centre de presse principal durant les Jeux. Au total, et sans se limiter donc au raccordement de Vaires-sur-Marne, le coût d'Éole était estimé à 6,6 milliards d'euros[97] et celui du Grand Paris Express, initialement prévu pour les JO et finalement trop en retard, à part l'extension de la ligne 14, à plus de 36 milliards d'euros[98].

Si les spécialistes de l'université britannique ne veulent pas prendre en compte ces coûts, c'est qu'ils sont indirects. Pour ne pas être accusés d'exagérer, ils se concentrent sur les catégories établies par le CIO : les coûts opérationnels pris en charge par le COJO (cérémonies, transports, salaires, gestion, administration, sécurité, alimentation, etc.) et les coûts de construction directement liés à l'événement (« Village » des athlètes et des médias, voir le chapitre 5).

Le périmètre des dépenses étudiées crée toujours un biais. L'économiste du sport Holger Preuss explique que, depuis 1972, tous les COJO ont présenté un budget excédentaire[99]. Comment est-ce possible au vu des chiffres qui précèdent ? En ne comptant pas les dépenses d'investissement. Autrement dit, en restreignant le calcul aux activités du comité d'organisation *stricto sensu*, alors qu'elles ne représentent qu'une faible portion du coût global des Jeux. Ce fut le cas à Los Angeles en 1984, où les Jeux coûtèrent 320 millions de dollars de l'époque – soit l'équivalent de 740 millions aujourd'hui. Mais la ville ne publia jamais d'estimation de ses dépenses en amont, si bien que « nous ne pouvons pas savoir si elle a respecté son budget ou non », explique encore aujourd'hui le chercheur Alexander Budzier[100].

Face à ces désastres budgétaires, le CIO a développé à partir du milieu des années 1990 un programme de partage des savoirs sur la gestion des Jeux, l'Olympic Games Knowledge Management Program. Il semble relativement efficace, et parvient à réduire l'ampleur des écarts de dépenses. Mais pas à l'éliminer. Ainsi les JO de Rio, au Brésil, en 2016, n'ont coûté que 4,6 milliards de dollars, soit beaucoup moins que ceux de Londres ou de Sotchi – ils ont tout de même dépassé leur budget initial de 51 %. L'explosion budgétaire n'est pas exponentielle. Mais elle reste dans l'étiage du débord médian depuis 1999. Et elle dépasse l'épaisseur du trait avec 1,6 milliard de dollars de dépenses supplémentaires[101].

« Les dirigeants olympiques et les pays hôtes donnent souvent de mauvaises informations sur les coûts et les écarts budgétaires des Jeux : Londres a obtenu les Jeux de 2012 sur la base d'une estimation qui, deux ans plus tard, s'est en fait révélée complètement fausse et a dû être réévaluée de 100 % », commentent les chercheurs d'Oxford en conclusion de leur analyse sur 40 ans de JO. Mais dans le cas londonien, ce qui les choque le plus, c'est que « lorsque, au bout du compte, les dépenses sont restées en deçà de la réévaluation budgétaire, les organisateurs ont fait croire qu'ils étaient rentrés dans leur budget ». Alors qu'ils ont dû dépenser presque le double de ce qui était prévu. Pour ces économistes, cette communication ressemble beaucoup à un « mensonge éhonté ». Ils en concluent qu'« on ne peut pas compter sur les organisateurs des Jeux pour nous fournir des informations fiables[102] » sur leurs coûts.

L'économie des Jeux est-elle structurellement dysfonctionnelle ? Des arguments plaident en ce sens. Il y a d'abord la *deadline* impérative qui fait que, face aux problèmes, la seule solution est de payer plus pour délivrer équipements et événement en temps voulu. La contrainte de la date butoir va de pair avec l'irréversibilité : une fois engagée, aucune ville hôte ne s'en est retirée – à l'exception de Denver, aux États-Unis, en 1972, exploit jamais réitéré depuis – ainsi que les syndromes du chèque en blanc et de l'éternel débutant évoqués plus haut. Et enfin, il y a la planification à long terme, quasiment sur dix ans[103], qui empêche de s'adapter aux événements perturbateurs. Par exemple, une pandémie mondiale. Les Jeux de Tokyo durent être décalés d'un an, en 2021, à cause du Covid, mais gardèrent l'appellation « Tokyo 2020 », car ce nom était déjà devenu une marque[104]. Le marketing olympique est plus fort que tout, y compris le calendrier grégorien.

PUBLIC, PRIVÉ : QUI PAIE LES JO DE 2024 ?

Pas la peine de payer une visite au majestueux siège du CIO à Lausanne, l'autoproclamée « Maison olympique », avec ses escaliers moulés sur le modèle des cinq anneaux, pour consulter le contrat de ville hôte de Paris 2024. Tout est en ligne et consultable gratuitement à tout moment.

Sa lecture est fort instructive. On y voit que la puissance publique française est financièrement responsable de Paris 2024. Régi par le droit suisse, un contrat impose contraintes et obligations détaillées avec une précision minutieuse. Parmi les plus lourdes conséquences de ses dispositions, en cas de violation des termes du contrat, la responsabilité vis-à-vis des dommages et des coûts revient conjointement et solidairement à la capitale française, au Comité national olympique et sportif français (CNCOSF) et au COJO.

L'inégalité de la balance vis-à-vis du CIO est frappante, car ce contrat « protège pleinement les droits commerciaux et les intérêts financiers » du comité olympique, comme le note la Cour des comptes. En cas d'excédent, il doit être partagé entre le CNOSF, le COJO et le CIO (à hauteur de 20 %). Mais en cas de déficit final du budget du COJO, aucun partage des coûts n'est prévu avec lui. Il « incomberait donc à l'État » en entier, prévient la Cour des comptes[105], grâce à deux lois de finances successives, votées sans qu'elles suscitent beaucoup d'émoi en dehors de l'hémicycle. Les frais à couvrir comprennent le remboursement au CIO des avances et autres contributions en cas d'annulation des jeux. Ainsi qu'une partie des recettes des droits de diffusion télé et les emprunts bancaires du COJO. Un plafond de garantie a été fixé à 3 milliards d'euros, limitant la casse potentielle.

Le CIO est propriétaire de la marque Jeux olympiques ainsi que de l'ensemble des droits qui s'y attachent. Si bien que sa relation avec le comité d'organisation national « est par nature asymétrique[106] ». C'est le comité international, en droit, qui reste la puissance organisatrice des Jeux, dont elle délègue la mise en œuvre aux comités des pays hôtes.

À la différence de la Solideo, qui doit livrer les ouvrages olympiques, l'argent du COJO est presque entièrement privé. La billetterie est sa première source de financement (39 %), le CIO son deuxième contributeur (30 %) ; suivent les « partenariats domestiques » (28 %) et enfin l'État, la région Île-de-France et la ville de Paris, à hauteur de 2 %, pour des dépenses uniquement liées au paralympisme[107].

La grille tarifaire des billets pour les Jeux de 2024 a été arrêtée dès février 2022, et s'est calée sur des niveaux comparables aux précédentes éditions.

Il fallait payer entre 27 et 987 euros à Londres en 2012, puis entre 19 et 983 euros à Tokyo en 2021. À Paris, la fourchette de prix des places s'étale entre 24 et 990 euros[108] mais peut monter jusqu'à 9500 euros avec le forfait le plus cher comprenant l'accès à des services exclusifs et luxueux dans la capitale. Elle n'est donc pas plus sociale que les précédentes éditions.

La moitié des billets ne doit pas dépasser 50 euros. Un geste d'accessibilité souligné par le COJO, mais qui reste hors de portée pour les familles qui veulent s'épargner de choisir lequel de leurs enfants elles emmèneront au stade. Enfin 800000 tickets sont proposés à 24 euros, certes à la portée de bien plus de monde. Mais ils ne représentent que 6 % des 13,4 millions de billets mis en vente. Par comparaison, le volume des billets les plus chers, élégamment intitulés « produits d'hospitalité », est quasiment identique, avec 750000 tickets VIP prévus.

COMBIEN ÇA COÛTE ?

Un an avant les Jeux de Paris 2024, en juillet 2023, l'estimation officielle de la Cour des comptes était qu'ils devraient coûter 4 milliards d'euros d'investissements[109], en valeur 2016. Cela représente environ 4,5 milliards en valeur 2022, en y réintégrant l'inflation. Devant les parlementaires, Pierre Moscovici, premier président de la Cour des comptes, estime à 3 milliards d'euros le probable coût total pour la puissance publique[110]. C'est autant que le fonds d'aide créé par l'État pour sortir les entreprises du marasme économique après le confinement en 2021[111].

Mais entre les subventions, l'argent privé et le partage des risques financiers, il est particulièrement difficile de s'y retrouver dans les comptes olympiques. Malgré deux rapports publiés en 2023, la Cour des comptes a dû y renoncer : à un an des Jeux, elle écrit en juillet 2023 n'être « pas en mesure à ce stade d'évaluer le coût global des Jeux » ni « son impact final sur les finances publiques[112] ».

Premier problème : l'opacité plus ou moins organisée des tableaux financiers. Les périmètres de dépenses changent en fonction des opérateurs. L'inflation est prise en compte pour certains postes et pas pour d'autres. Certaines dépenses publiques ne sont pas comptabilisées, à l'exemple des exemptions fiscales, frais de sécurité et de transport. Certains partenariats privés portent sur des prestations en nature. Toutes les dépenses publiques ne reviennent pas à l'État, car certaines sont en partie assurées par les collectivités locales (voir le chapitre 4).

Au point d'agacer la sérénissime Cour des comptes : « La communication retenue par les organisateurs des Jeux, comme par les responsables publics dans le cadre de la candidature », qui consiste à additionner les budgets prévisionnels du COJOP et de la Solideo, « ne facilite pas la compréhension du coût réel des Jeux ni celle de son évolution[113] ».

Car même s'il est financé à 97 % par le privé, le COJO est couvert par la responsabilité budgétaire publique. Or son budget a été établi en 2018 sur l'hypothèse d'une inflation moyenne de 1,4 %. Après le Covid et le déclenchement de la guerre en Ukraine, ses prévisions ont explosé dans les grandes largeurs. « L'objectif d'assurer l'équilibre du budget pluriannuel et celui de maintenir voire de renforcer l'ambition du projet olympique ne paraissent pas en l'état conciliables[114] », résume la Cour des comptes.

Ce budget est supposé couvrir toutes les dépenses liées aux Jeux qui sont directement à la charge du pays hôte : aménagement temporaire des sites de compétition et d'entraînement (tribunes, etc.), location et gestion des équipements, organisation des épreuves, services aux spectateurs, sécurité des sites, transport des personnes accréditées. Mais il y a aussi les coûts internes. Par exemple, les dépenses liées au développement commercial et marketing (337 millions d'euros[115]). Ou les frais de gestion du programme de marketing « TOP », qui concerne les plus gros sponsors des JO (44 millions d'euros déjà dépensés en 2020[116]).

Comme le remarque la Cour des comptes, de nombreuses dépenses auxquelles l'État s'est engagé ne sont pas prises en compte dans le budget du COJO : sécurité, transports, mise à disposition d'équipements ou même d'espaces publics, à commencer par la Seine, où doit se dérouler la cérémonie d'ouverture des Jeux, mise en scène par Thomas Jolly, ou les « voies olympiques », ces tronçons routiers qui seront réservés aux athlètes et à leurs équipes. Sans oublier la préparation du système de santé, qui doit être en mesure d'assurer le soin d'une quinzaine de millions de visiteurs et les dépenses d'infrastructures. Ça commence à faire beaucoup d'argent public dans le pot de ressources supposées être entièrement privées.

UN AN AVANT PARIS 2024, DES COÛTS DÉJÀ EN HAUSSE

Deuxième souci : un an avant Paris 2024, les coûts étaient déjà plus élevés que prévu. En 2018, le budget du COJO avait été fixé à 3,8 milliards d'euros. En décembre 2021, il était passé à 3,979 milliards. Un an plus tard, il rayonnait du haut de ses 4,380 milliards d'euros. Une belle hausse de 15,1 %. Et près de 600 millions d'euros supplémentaires à débourser.

C'est autant que la rallonge budgétaire pour l'hôpital débloquée par l'exécutif en février 2023[117], pour donner une idée de l'ampleur du montant – même si ce débord ne sera pas épongé par les contribuables.

Cette augmentation des dépenses s'explique en partie par l'inflation, mais pas seulement. Il y a eu une « sous-estimation évidente du budget de candidature » et « une méconnaissance de la complexité du cahier des charges du CIO », notamment « de la difficulté de le remettre en question, ne serait-ce qu'à la marge » constatent les hauts fonctionnaires de la Cour des comptes[118]. Les premiers symptômes du « syndrome de l'éternel débutant » décrit en début de chapitre ?

Au total, près d'un milliard d'euros de dépenses prévisionnelles supplémentaires étaient déjà inévitables, fin 2022, par rapport au budget du dossier de candidature qui avait été fixé à 3,5 milliards d'euros[119]. « De telles évolutions, sur des domaines qui relèvent de la seule responsabilité du COJOP », à savoir les services aux Jeux, les ressources humaines, les technologies et système d'information, les sites et infrastructures « interrogent [...] par leur ampleur » poursuit la Cour. Car « la part la plus significative des surcoûts découle d'une sous-estimation notoire du budget de candidature », notamment pour celui des ressources humaines, passé de 530 à 695 millions d'euros[120].

Ce n'est pas tout. « La responsabilité des différents acteurs », comme le CIO, le comité de candidature « mais aussi les pouvoirs publics dans la phase de construction du budget est engagée dans cette dérive des coûts », estime la Cour. Les estimations initiales « ont été manifestement minorées » pour « répondre à la contrainte politique d'afficher un budget de candidature maîtrisé », car « supposé plus facilement acceptable par l'opinion publique », mais qui se révèle « impossible à tenir, grevant d'autant son acceptabilité sociale[121] ». Comment ne pas penser à l'indignation des chercheurs d'Oxford sur l'insincérité budgétaire des organisateurs des JO de Londres ?

LE CIO,
BIZARRERIE ANTIDÉMOCRATIQUE

Décembre 2022. En se promenant devant le centre Pompidou, au centre de Paris, on peut croiser Thomas Bach, le président du CIO, entouré de toute une équipe. Personne ne le reconnaît dans la nuit tombante, aucun passant ne se retourne. Et pour cause : cet homme bénéficie de la discrétion des déjeuners VIP et des salons éco-conçus du siège de son organisation sur les bords du lac Léman. Pour Paris 2024, c'est Tony Estanguet, ancien champion de canoë slalom et président du COJOP, qui prend la lumière et s'expose au public.

Pourtant le CIO est l'une des plus puissantes institutions internationales. Davantage de pays y sont représentés – 206 comités nationaux en 2023 – que l'ONU ne compte de membres. Il dispose d'une trésorerie phénoménale qui lui permet de lâcher plus d'un milliard de dollars par olympiade, et même près de 2 milliards pour les JO de Tokyo impactés par la pandémie de Covid. En 2021, il a engrangé 2,4 milliards de dollars de revenus dont il a conservé 10 % pour ses activités et dépenses de fonctionnement, soit 240 millions de dollars. Sa trésorerie, cumulée à ses avoirs financiers, a atteint 4,9 milliards de dollars fin 2022, pour un solde de fonds défalqué des engagements à court et long terme de 3,6 milliards d'euros[122]. Entre 2017 et 2021, il a pu dépenser 4,2 millions de dollars pour « le mouvement olympique ». Par jour. Quelle autre association peut déployer une telle puissance financière ?

Dans son conseil d'administration, siègent essentiellement des hommes d'affaires, des juristes et des avocats. Une seule femme y figure, ancienne championne de natation synchronisée et conseillère du gouvernement d'Aruba, au sein des Antilles néerlandaises. À sa tête en 2023, un ancien avocat d'Adidas et Siemens, lancé dans la bureaucratie olympique par Horst Dassler, lui-même cerveau du tournant mercantile des Jeux dans les années 1980 avec son entreprise ISL, mouillée dans un scandale de commissions occultes au début des années 2000.

Pourtant, le CIO est juridiquement une ONG suisse à but non lucratif. Au-delà du symbole de désintéressement et d'idéalisme que ce statut incarne, cela lui permet d'échapper à tout contrôle démocratique. « Bien que le CIO soit reconnu par les États comme la seule autorité décisionnaire des Jeux olympiques, son statut d'ONG le place hors d'atteinte des mécanismes de contrôle sur son fonctionnement et sa comptabilité ainsi que du regard de ses pairs, qui contraignent habituellement les organisations jouant un rôle si prééminent », remarquent Travis Nelson et Patrick Cottrell, deux chercheurs en sciences politiques, dans un article qui découpe au scalpel l'absence de responsabilité, au sens d'*accountability*, du CIO. D'autant que, comme les Jeux « véhiculent des valeurs économiques et sociales si fortes, ils échappent aussi aux règles de responsabilité du marché ». Ils en ont tiré une métaphore : « sport sans arbitre[123] ». Grâce à son statut suisse, le comité olympique profite de vastes exemptions fiscales : « les mêmes avantages qu'une association de yodel, mais en version XXL », ironisent les deux politistes dans leur article. À la tête du CIO dans les années 1990, après avoir été élu et soutien du régime franquiste en Espagne, Juan Antonio Samaranch se lâcha un jour, au faîte de sa gloire et de sa puissance : « Les Jeux olympiques sont plus universels que n'importe quelle religion[124]. »

Cet entremêlement de public et de privé, d'autorité étatique et non gouvernementale, protège le monopole olympique du CIO derrière un rideau d'opacité. Le Comité décide en toute majesté quelle ville organisera les Jeux, combien il lui versera, qui en seront les grands sponsors et à quelles conditions commerciales. Le choix de Beijing en 2008 pour les Jeux d'été et en 2022 pour les Jeux d'hiver révèle le peu de cas qu'il fait du caractère démocratique des pays hôtes.

LA MACHINE À CASH DU CIO

Un fan de sport cryogénisé dans les années 1970 ne reconnaîtrait rien des JO en 2024. La compétition entre champions amateurs, financée tant bien que mal par des villes moyennes et les droits télé, est devenue une rutilante machine à cash. Les olympiades sont devenues « le plus gros événement médiatique et marketing du monde », selon l'auteur Jules Boykoff, qui y voit moins la marque du néolibéralisme que celle du système capitaliste : « la quintessence du capitalisme de la célébration[125] ».

Toutes et tous les analystes s'accordent pour situer à Los Angeles en 1984 le tournant mercantile des Jeux. Pour la première fois, ils sont massivement financés par le marketing et la publicité. Des entreprises paient directement la construction d'équipements sportifs et gagnent le droit d'avoir leur logo sur le ticket d'entrée. Les droits de diffusion télé rapportent deux fois plus que l'édition précédente, à Moscou, en 1980. Plus de 2,5 milliards de personnes les suivent sur leur poste télé ou radio. Les JO deviennent la marque la plus rentable du monde en scellant une alliance inédite avec des multinationales triées sur le volet.

Cette ingénieuse innovation marketing est le fruit des cogitations de Samaranch, qui veut diversifier les sources de financement des JO, et d'Horst Dassler, dirigeant d'Adidas et fondateur d'une société spécialisée dans le marketing sportif qui gagne beaucoup d'argent dans le foot. L'homme d'affaires voit dans les cinq anneaux olympiques « le symbole le plus puissant et le plus visible » du monde du sport. Et donc le plus monétisable. Les deux hommes développent un « programme marketing d'excellence » *(top marketing program)* qui va faire tomber une mousson d'or sur la fête du sport[126].

Michael Payne, premier directeur de ce programme marketing pour le CIO, a raconté les secrets de cette réussite affolante : « l'idée d'associer la puissance d'une identité de marque » – il parle ici de la marque olympique – « et de l'intégrer à celle d'une entreprise pour qu'elle l'utilise comme un levier marketing était complètement nouvelle ». Les résultats sont spectaculaires : dans la foulée de son partenariat avec les JO de LA en 1984, le fabricant d'appareils et matériel photo Fuji – nous sommes avant l'ère du numérique – passe de 1 % à 10 ou 12 % du marché américain, en deux ans. Pour le stratège, la clef fut la marchandisation du symbole des anneaux, transformé en « marque commerciale » alors que « plus tôt dans les années 1980, on ne les voyait pas tant que ça dans les stades[127] ». Le même raisonnement a ensuite conduit à la théâtralisation des cérémonies d'ouverture et de clôture, ainsi qu'à la commercialisation du passage de la torche olympique, que les collectivités doivent acheter pour que la caravane des JO de 2024 s'arrête par chez elles. Dans cette opération de transformation des JO en machine à cash, le principe de la tournée mondiale permanente est aussi essentiel : « Si les Jeux étaient restés en Grèce, la marque n'aurait pas la vitalité et l'énergie qu'elle a aujourd'hui. »

Dans les années 1980, le marketing olympique dépasse toutes les espérances et devient le plus rentable dans le monde du sport. Le principe en est simple : signer des accords commerciaux avec un petit nombre de grosses multinationales très connues, adoubées en premiers sponsors des JO (Coca-Cola, Kodak à l'époque, Visa, etc.). Elles acquièrent l'usage exclusif des symboles olympiques, et bénéficient de clauses draconiennes interdisant la présence de leurs concurrents sur les sites des Jeux. Le CIO change de dimension et passe d'une poignée de salariés à une organisation employant plus de 200 personnes. Un rutilant musée olympique, dépassant les 85 millions de dollars, est ouvert à Lausanne en 1993.

Entre 2009 et 2012, le CIO a engrangé 8 milliards de dollars de revenus, dont 10 % ont servi à financer son organisation. Le reste a été versé aux COJO, aux comités sportifs nationaux et fédérations sportives internationales. « C'est plus que le PIB de bien des pays participant aux Jeux », remarquent Travis Nelson et Patrick Cottrell[128]. Un nouveau siège, « la maison olympique » réunissant des bureaux épars, est inauguré en grande pompe en 2019.

La mécanique est tellement bien huilée, la machine tellement puissante, son effet d'entraînement tellement prenant, que rien ne l'arrête. Même pas le scandale de corruption entachant les jeux de Salt Lake City en 2002 : des membres du CIO avaient touché des pots-de-vin en échange de leur vote.

Ce flux renouvelé de richesses a une autre conséquence : le CIO ne se préoccupe que de ses revenus et pas des coûts. « Le CIO tire directement son profit des revenus » générés par les Jeux, « si bien que toute amélioration des spécifications conduisant à une amélioration de revenus est bonne pour le CIO », pointent les chercheurs d'Oxford. Sans regard pour les coûts. « Mais les choses pourraient se passer autrement. Le CIO pourrait se focaliser sur la réduction des coûts plutôt que de ne s'intéresser qu'à l'augmentation de ses revenus[129]. »

Pour Paris 2024, des partenariats marketing « TOP » ont été scellés dès le début de 2023 avec les grandes multinationales d'aujourd'hui : l'assureur allemand Allianz, le site de ventes chinois Alibaba, le fabricant japonais de pneus Bridgestone, le fabricant américain de semi-conducteurs Intel, l'horloger suisse Omega, le groupe d'électronique grand public Panasonic, le constructeur automobile Toyota, le groupe bancaire Visa, l'indétrônable Coca-Cola, l'entreprise française de numérique Atos, le géant américain des produits d'hygiène Procter and Gamble, le groupe britannique d'audit et conseil Deloitte, Samsung, et la multinationale américaine du tourisme Airbnb. Plus tardivement, l'empire français du luxe LVMH a rejoint le club fermé des partenaires, sans réussir à accéder à la *top list*, et participe avec BPCE, Carrefour, EDF, Orange et Sanofi à la ronde des sponsors premium.

Tout le monde est là, à sa place. Géopolitique du logo.

Au total, le programme international de marketing du CIO doit apporter 468,9 millions d'euros aux JO de Paris, dont les trois quarts doivent être dépensés sous forme d'utilisations de produits, prestations, et d'obligations d'achat. Le CIO s'est engagé à verser 1,2 milliard de dollars au COJO, le reste provenant des revenus de diffusion dérivés. Les recettes des partenariats domestiques signés directement par l'équipe française de Paris 2024 sont un peu supérieures à un milliard d'euros. Les règles du marketing olympiques sont si contraignantes qu'elle n'a pas le droit de conclure de partenariat domestique avec le concurrent d'un partenaire « TOP » du CIO[130].

En juillet 2023, un rapport parlementaire alerte sur « la captation importante des retombées économiques par les partenaires du CIO ». Les achats du COJO auprès des partenaires top et nationaux des JO représentent près de la moitié des achats du Comité (47,7 %) selon leur décompte[131].

Le CIO et les COJO justifient le bingo olympique au nom de l'autofinancement. Ils sont beaucoup plus discrets sur l'extraterritorialité des clauses anticoncurrentielles exigées par les multinationales. En 2012, un boucher londonien a été menacé d'une amende de 30 000 dollars pour avoir décoré sa vitrine de saucisses en forme d'anneaux olympiques. Des personnels employés à préparer les cérémonies d'ouverture et de clôture des *London Games* pouvaient manger des *fish and chips* sur les sites olympiques. Mais ni saucisses, ni burgers, ni frites à moins qu'elles ne proviennent de chez McDonald's, qui avait acheté le droit exclusif d'y servir des patates frites[132]. Le scandale suscité par la révélation de ces deux affaires a obligé la police du marketing des JO à lever le pied. Mais derrière le rassurant principe « les Jeux financent les Jeux », une véritable loi du plus fort s'est mise en place.

POST-SCRIPTUM 3 : LA PLACE

Prenez la peine de vous asseoir. Jambes légèrement écartées. Dos bien droit, comme lorsque vous vous positionnez en tailleur au début de votre séance de yoga. Muscles des épaules relâchés sous votre t-shirt cousu main en fibre réfrigérante.

Mettez-vous bien.

Sous vos yeux, la Seine Olympique. Sous vos pieds, le gradin artisanalement sculpté en fibre de papier posé comme une caresse sur le vieux pont napoléonien de l'Alma. Sous vos fesses, un siège à 9 500 euros. Hors taxe. Une petite folie. Vous avez craqué pour le package 360, catégorie A, rang Gold. « Or » : la couleur vous plaît. C'est la même que les athlètes d'exception, mais sans avoir à vous entraîner huit heures par jour tous les jours depuis que vous avez six ans. Cette fois-ci, c'est votre tour. C'est votre moment. C'est le forfait *hospitality* de Paris 2024. Les JO made in France. Un événement unique dans votre vie. Le soleil caresse votre épaule.

Donnez le meilleur de vous-même sur votre profil Insta. Ou sur votre compte X, moquez-vous de la petite vanité qui vous a coûté la location du penthouse à Dubaï – tant pis, ce sera pour l'année prochaine. Avec une bonne dose d'ironie, cela fait aussi votre charme.

La parade inaugurale des Jeux va bientôt commencer. cinq cent mille ploucs s'entassent et transpirent sur les bords de la Seine, épiés par les drones et contenus par les rangées de CRS. Mais vous êtes comme un roi, comme un milliardaire de la Silicon Valley, comme une *success story* en chair et en os, tranquille et éventé par l'esclave électronique qui rafraîchit votre place et vous évite la sudation malgré les 39 ° de cette soirée du 26 juillet 2024.

Un moment inoubliable. Le cœur de Paris. Des souvenirs pour la vie. La Seine. La coupe de champagne et la *french cuisine*. Pour vous. Magnifique. Impérissable. Standing d'exception. Pas si cher après tout. Un cadeau à soi-même. Pour une fois. Une place à vivre.

CHAPITRE 4.
VIOLENCE URBAINE

« District 2024 » : cela sonne comme le titre d'un film de science-fiction. Ou le nom de code d'une planète inconnue. Pourtant nous ne sommes pas loin de Paris. Nous en sommes même tout près puisque ce « quartier 2024 » se trouve à la rencontre des villes de Saint-Denis et de Saint-Ouen. C'est là que doit être construite la plus grande partie du Village des athlètes olympiques. Et c'est le sujet d'une exposition promotionnelle lors de la biennale d'architecture et de paysage d'Île-de-France à l'été 2022[133].

Car les JO de 2024 ne sont pas qu'un événement sportif : c'est aussi en ce lieu de Seine-Saint-Denis une opération d'aménagement sur 51 hectares. L'équivalent de 73 terrains de foot, de 408 piscines olympiques ou de deux fois le Champ de Mars à Paris : pas grand-chose en cumul de mètres carrés. Mais c'est énorme en capital monétaire et symbolique.

Dans cette exposition, l'agence de l'architecte Dominique Perrault, concepteur du nouvel ensemble urbain, explique sa vision de ce territoire « en cours de révélation » : l'ouverture vers la Seine et le relief naturel « longtemps niés par la violence des infrastructures », et l'idée de créer un « urbanisme de liaison » au sein du Grand Paris. À aucun moment il n'est question des habitant·es et usager·ères du quartier avant le « Village ». Aucun·e n'est même dessiné·e sur l'immense schéma représentant les acteurs du projet, pourtant intitulé « à mille mains ».

Toute la communication de l'exposition laisse croire que cette partie du 93 est une nouvelle frontière à atteindre, un *Far West* à lotir et peupler. Comme si personne n'y vivait ou n'y travaillait avant que la grâce olympique ne tombe sur ses rives.

CRÉER EX NIHILO UNE COMMUNAUTÉ HUMAINE

À Saint-Ouen, avant le « Village » des athlètes, se trouvait un foyer de travailleurs étrangers (voir le chapitre 1). Ainsi qu'une plateforme logistique, des entrepôts de stockage, un hangar de la marque d'épicerie de luxe Fauchon. Une vingtaine d'entreprises (plomberie, hôtellerie, restauration, formation de kinésithérapeute) se côtoyaient dans le parc d'activités Rives-de-Seine. Elles employaient près d'un millier de personnes, selon le volet économique de l'étude d'impact[134], et ont été rasées à partir de 2020. Seuls sont restés un collège, son gymnase – une école primaire a obtenu d'être reconstruite – et la Cité du cinéma de Luc Besson.

Tous n'étaient pas mécontents de partir. En 2019, Marie-Anne Canto, P.-D. G. de la société À table, un traiteur haut de gamme, qui y employait 45 personnes à temps plein expliquait : « Il faut savoir transformer une menace en opportunité. La négociation pour notre éviction s'est bien passée. On a été plutôt bien traités, de manière constructive et intelligente[135]. »

Nicolas Ferrand, directeur général de la Solideo, chargée du chantier, a pu se réjouir : « Sur le périmètre de la ZAC, il n'y a pas eu une seule expropriation d'un individu privé propriétaire ou locataire[136]. » C'est exact. Mais les 51 hectares où s'étend le Village olympique n'étaient pas un désert.

Au même moment, Benoît Piguet, son directeur des relations institutionnelles, prenait moins de pincettes : « Vous allez avoir une mutation. Globalement, entre les travaux de rénovation urbaine, les travaux pour les JO, les travaux sur la zone des docks [de Saint-Ouen], le fait qu'il y ait une ligne de métro supplémentaire, cela va créer une dynamique complète de ce territoire. L'objet de ce territoire tel qu'on l'imagine pour 2024, 2025, 2026, et son usage par les habitants et les forces économiques, est totalement différent de ce qu'on a aujourd'hui. » À ses yeux, « on parle d'un territoire en devenir qui va être amélioré structurellement[137] ». En 2021, il est exfiltré à la suite d'accusations de propos misogynes, racistes et homophobes. Parmi les phrases entendues par plusieurs témoins : « Qu'est-ce qu'on va aller aider les Noirs en Seine-Saint-Denis[138] ? »

Quand on veut incarner une nouvelle Histoire, tout est symbole. Le COJO s'est installé dès 2021 dans un vaste immeuble de bureaux de la foncière du groupe Icade, dénommé « Pulse », et utilement situé en face de l'entrée du métro Front Populaire. Placée sur la ligne 12, cette station se trouve techniquement à Aubervilliers. Mais quand on émerge de son vertigineux escalier roulant, on pourrait se croire à Paris : terrasses de café, boulangerie, immeuble design de Roland Castro et campus universitaire moderne. Cela n'empêche pas l'organisme de se vanter de « cette installation en Seine-Saint-Denis » qui prouve que « la jeunesse et l'énergie de ce territoire inspirent nos

Jeux[139] ». C'est bon pour la *street credibility* des JO made in 93, et pour leur budget immobilier puisque le même bâtiment spacieux – 28 000 m² pouvant accueillir 2 500 personnes – aurait coûté au moins deux fois plus cher dans la capitale intra-muros. Juste en face s'étend le campus Condorcet, regroupant plusieurs unités de recherche en sciences humaines et sociales et une bibliothèque. Certains des bâtiments de cette nouvelle installation sont protégés de l'extérieur par des fossés et des barbelés.

« Ce siège », véritable « cœur battant des équipes de Paris 2024 », est « le reflet de nos ambitions et de notre identité », affiche le COJO. Pour Mathieu Hanotin, maire de Saint-Denis, c'est « la cathédrale des Jeux[140] ». Construit sur une structure mixte de béton et de bois, il dispose d'un mobilier écoconçu avec des moquettes issues du réemploi, d'isolant acoustique en textile 100 % recyclé et de panneaux photovoltaïques sur le toit. L'attention mise à détailler ces informations sur son site web indique tout le sérieux accordé à la question climatique par les organisateurs des Jeux dans leur communication (voir le chapitre 6). Même si, dans le même paragraphe se glisse, l'air de rien, le nom du sponsor historique des Jeux. Lecteur, lectrice, sauras-tu le retrouver ? « Des machines automatiques de pointe sont mises à disposition des collaborateurs pour le remplissage de gourdes en aluminium fournies à chacun par Coca-Cola. »

On pourrait leur faire remarquer qu'un simple verre permet tout aussi bien de boire de l'eau, mais c'est anecdotique. Ce qui frappe le plus l'esprit à la lecture de cette auto-hagiographie, c'est l'absence de récit sur le quartier entourant le Pulse. Il est pourtant riche d'une histoire sociale, industrielle et environnementale qui mériterait elle aussi d'être racontée et valorisée par une cathédrale moderne.

La rue des Fillettes, qui longe le bâtiment si novateur, recouvre les égouts qui ont transporté les eaux-vannes et usées de Paris jusqu'au canal Saint-Denis au XIXe siècle. Tout autour s'activaient des fabriques de traitement de résidus organiques, puisant leurs matières premières des abattoirs des chevaux de la ville de Paris ouverts en 1841 dans la rue des Gardinoux, qui débouche aujourd'hui sur la place dominée par le siège du COJO. La société Fabre, rue de la Haie-Coq, produisait des colles, gélatines et engrais. Bientôt rejointe par une myriade d'usines de fertilisants et de colles. Cette section de l'ancienne plaine Saint-Denis s'était spécialisée en chimie des phosphates et en chimie agricole.

Au point que le journaliste et écrivain Léon Bonneff décrit vers 1913 Aubervilliers comme « une ville terrible et charmante ». Car là « vont les bêtes crevées, les animaux de boucherie que les vétérinaires refusent à la consommation, les chevaux qui meurent à la peine sur la voie publique[141] ». Une histoire de pollution, d'exploitation ouvrière et de misère sociale qui murmure encore dans les vestiges industriels qui ont survécu aux années. Pourquoi l'ignorer quand on veut « s'inspirer » du territoire ?

Cette histoire crevarde de subalternes oublié·es a tout à voir avec les bonnes affaires immobilières qu'attisent les aménagements olympiques. Si ce foncier était si peu cher avant l'arrivée des JO, c'est qu'il se trouvait dans une zone mixte d'entrepôts et de bâti en partie dégradé, à proximité d'une seule ligne de métro notoirement saturée (la 13). Ce même site va se transformer en mine d'or : un quartier neuf, nimbé du prestige olympique, au top de l'écoconception, à deux pas de la plus grande gare du Grand Paris (Pleyel). « La quintessence de la manière dont on pense la ville en France dans les années 2020 », résume Nicolas Ferrand[142], chef d'orchestre de ces travaux depuis la Solidéo.

Dans la répartition des rôles au sein de la machine olympique, la Solideo, c'est la figure rassurante et protectrice du service public. Un établissement présidé par la maire de Paris, Anne Hidalgo, et qui compte 19 représentant·es de l'État ainsi que 12 collectivités territoriales dans son conseil d'administration. Dirigé par un spécialiste de l'aménagement public, Nicolas Ferrand, ancien chef des établissements publics d'aménagement de Marne-la-Vallée, ingénieur multi-capé (Polytechnique, École nationale des ponts et chaussées, MIT). Et peu discret sur l'importance qu'il accorde à sa tâche, si l'on en croit la citation d'Antoine de Saint-Exupéry qu'il a attachée, tel un blason coquet, à son compte sur le réseau social LinkedIn : « Être homme [...], c'est sentir, en posant sa pierre, que l'on contribue à bâtir le monde. »

Moins connue du grand public, et beaucoup plus petite que le COJO, la Solideo est aussi moins exposée médiatiquement. Dans l'ombre de Paris 2024, dont la réussite dépend pourtant complètement de l'efficacité de cette dernière, l'établissement public a pu soigner le confort matériel de ses dirigeant·es et personnels. Il a gardé un vaste siège dans Paris intra-muros, logé dans un bel immeuble haussmannien, à deux pas de la gare Saint-Lazare. Les conditions y sont particulièrement avantageuses pour un établissement public à caractère industriel ou commercial : les salarié·es bénéficient d'une prime de fidélisation correspondant, au plus, à six mois de salaire brut qui doit être versée à partir de 2024[143]. Son directeur général, Nicolas Ferrand, touche une rémunération qui tutoie les plafonds de la haute fonction publique : 162 500 euros par an, pouvant monter jusqu'à 200 000 grâce à une part variable

« sur objectifs », comme dans la promotion immobilière[144]. « Le détail de ces objectifs est de nature confidentielle », explique le service de communication de la Solideo, mais « ils sont déclinés des ambitions et objectifs de l'établissement qu'il dirige[145] ».

Par comparaison, les plus hauts fonctionnaires (secrétaire général du gouvernement, directeurs d'administration centrale, préfets, ambassadeurs, etc.) touchent un traitement maximal de 91 000 euros bruts annuels[146]. Sans vouloir minimiser la pression de l'horloge olympique, ni la quantité de travail de supervision ou le nombre de réunions à enchaîner, un tel niveau de rémunération pour le grand chef des grues des JO interroge. À quel moment a-t-il été publiquement et démocratiquement discuté ?

Construit pour héberger les sportifs et leurs équipes, « le Village des athlètes » va ensuite se dissoudre. Mais les bâtiments vont rester. Après travaux, ils se transformeront en îlots d'habitations, essentiellement privés. Six mille habitant·es sont attendu·es, ainsi que 6 000 salarié·es dans les bureaux. À terme, le ministère de l'Intérieur y installera aussi 45 000 m² de bureaux. « On va refaire ce qu'on ne fait plus en France depuis environ 50 ans, on va créer *ex nihilo*, une communauté humaine de 12 000 personnes qui va arriver d'un bloc sur un site », résume Nicolas Ferrand. « Il y a quelque chose que l'on va réapprendre : c'est comment on fait prendre cette mayonnaise sociale[147] ? »

Livrer un quartier « clef en main » permet certes d'éviter à ses habitant·es de vivre plusieurs années dans les travaux. « On pense que le Village Olympique va servir de modèle, positif ou négatif, nos enfants le diront », dit encore à ce sujet Nicolas Ferrand[148]. Mais en s'ouvrant d'un seul bloc, il efface d'un coup les mille vies discrètes, souvent à la peine, qui y préexistaient. Celle de Mohamed, qui a travaillé toute sa vie dans les travaux publics, et a dû quitter le foyer ADEF où il vivait depuis 1973. Celle de Leyla, gardienne de l'ancienne résidence étudiante démolie par le chantier du Village, qui a vu détruire son lieu de travail et de vie depuis douze ans avec son époux et leurs trois filles. Ou de Betty, de l'entreprise Balas, spécialisée dans la plomberie et les tuyauteries, qui employait 400 personnes sur son site de Saint-Ouen détruit pour céder la place au « Village » olympique[149].

La coupure avec l'histoire du lieu est brutale. Elle ne laisse aucune chance de rencontres, et encore moins de transmission et d'entraide entre ancienne et nouvelle population. Une fresque commandée à un artiste doit immortaliser des silhouettes : étudiant·es, ouvrier·es ou futur·es employée·es du quartier. Une danse d'ombres silencieuses sur le thème de l'euphorie[150] qui ne comblera pas l'absence de celles et ceux qui ne seront plus là.

Repartir de zéro pour faire du neuf à partir de ce qui n'est plus : c'est la première étape de l'extractivisme urbain de Paris 2024.

HÉRITAGE ET SERVITUDE

Des grues comme des derricks, ces tours de forage dans les champs pétrolifères. Ici, elles ne pompent pas des hydrocarbures, elles aspirent la valeur du foncier si proche de Paris, si pleines de promesses d'enrichissement. À son pic, à l'été 2022, la construction du Village olympique en a mobilisé 37. Ce fut à ce moment-là le plus gros chantier de France. Depuis l'A86, on ne voyait qu'elles. Un styliste dionysien en a même fait un motif récurrent de sa ligne de vêtements.

Construire pour les JO, ce n'est pas seulement se plier au supplice du décompte quotidien du nombre de jours restant d'ici la cérémonie d'ouverture. C'est aussi rendre des comptes. Le 20 juin 2023, la police a perquisitionné les sièges du COJO et de la Solideo à la demande du parquet national financier. Ses officiers enquêtaient sur des soupçons de « prise illégale d'intérêts, détournement de fonds publics, favoritisme et recel de favoritisme » concernant la passation de marchés publics. Leurs interrogations portaient notamment sur les marchés attribués à l'agence d'événementiel Keneo, dont l'un des cofondateurs est Étienne Thobois, devenu ensuite directeur général du comité de candidature puis d'organisation des Jeux – au moment de sa prise de fonctions au COJO, il a revendu ses parts de Keneo.

Un certain art du conflit d'intérêts se dessine puisque, en sus, le directeur des cérémonies de Paris 2024, Thierry Reboul, est l'ancien dirigeant de la société qui a remporté le marché de la cérémonie d'ouverture. Et qu'un autre chef du COJO est un ancien associé de Thobois, et le fondateur d'une entreprise qui fait partie du groupement sélectionné, cette fois-ci, pour le marché du relais de la flamme olympique. Une autre voie judiciaire concerne une procédure « *imprécise et incomplète* » relative aux achats et qui a fait l'objet d'un contrôle par l'Agence française anticorruption (AFA) en 2021[151].

L'esprit du service public est malgré tout censé guider la Solideo dans son œuvre. La démesure et le bling-bling de la fête aux cinq anneaux oui, mais sertis d'intérêt général. La promesse que la machine à cash de l'olympisme peut être socialement utile. Face à l'abandon d'équipements gigantesques qui ne servent plus une fois les olympiades terminées (Athènes, Beijing, Sotchi, Rio pour ne prendre que des exemples récents), réjouissant les fans d'urbex, mais polluant l'image des Jeux, le CIO demande désormais aux villes hôtes de préparer dès leur dossier de candidature un héritage – le terme « *legacy* » fut même ajouté à la vieille charte olympique en 2003[152]. Au vu de l'abondante littérature sur le sujet au sein de la bibliographie olympique, la question semble prise au sérieux. Même si le président de la commission « héritage », également dédiée à la « soutenabilité », n'est pas un phare de la justice redistributive puisqu'il s'agit du prince Albert de Monaco (voir les chapitres 2 et 5).

De quoi s'agit-il ? De garantir un effet JO après l'événement, sur le long terme, « à la fois matériel et immatériel » et qui bénéficie aux territoires où se déroulent les olympiades ainsi qu'à « la communauté » à qui les équipements doivent servir[153]. Mais de quelle communauté parle-t-on ? C'est toute la question posée par les aménagements en Seine-Saint-Denis pour Paris 2024.

Pour atteindre cet objectif en soi vertueux, des règles et des méthodes sont formulées par le CIO : priorité à l'utilisation d'équipements préexistants, construction de nouvelles structures uniquement si elles répondent clairement à un usage après les Jeux, grande qualité environnementale des édifices, etc. Parmi les usages sociaux positifs escomptés : le développement de la pratique du sport, l'amélioration du bien-être de la population, mais aussi l'amélioration des infrastructures urbaines notamment de transports ou la création de parcs et d'espaces verts[154].

Dans cette histoire déjà longue – le terme « héritage » figurait dans le dossier de candidature de Melbourne, en Australie dès 1956 –, Paris 2024 est censée marquer une étape importante : ce sont les premiers Jeux qui doivent appliquer à 100 % les préconisations de l'Agenda olympique 2020, qui reprend cette ligne en insistant sur le volet climatique.

Le plan « héritage et durabilité » parisien insiste sur l'amélioration de l'accès à la natation : construction du Centre aquatique olympique (CAO) à Saint-Denis, rénovation d'une vingtaine de piscines du département où un enfant sur deux ne sait pas nager en entrant au collège, réaménagement du vieux bassin olympique de 1924 Georges-Vallerey près de la porte des Lilas, un siècle après les derniers Jeux de Paris.

Mais ce n'est pas tout : toute une série d'infrastructures commandées pour les Jeux doivent ensuite être « léguées aux territoires » – cette formulation suggérant l'idée qu'il s'agit d'un cadeau est trompeuse, car elles proviennent essentiellement de dépenses publiques et sont donc payées par les contribuables : l'Adidas Arena de la porte de la Chapelle (qui doit accueillir les épreuves de badminton, gymnastique rythmique, parabadminton et parahaltérophilie), le CAO (natation artistique, plongeon et les phases qualificatives de water-polo), le Prisme dédié au paralympisme, les bassins temporaires de la Défense Arena (natation), la rénovation de gymnases et complexes sportifs (Marina du Roucas Blanc à Marseille, Stade de France, stade Yves-Manoir à Colombes, etc.).

Dans la hotte olympique, il y a aussi quantité d'ouvrages qui ne sont pas directement liés au sport : enfouissement de quatre lignes à haute tension (à Saint-Denis, L'Île-Saint-Denis et Villeneuve-la-Garenne), construction du franchissement urbain Pleyel au-dessus des voies ferrées pour relier la nouvelle gare Pleyel au Stade de France et au RER D, une bretelle d'entrée sur l'A86 (voir le chapitre 6), un mur anti-bruit au sud du Village des athlètes, une passerelle entre le Stade de France et le centre aquatique, des pistes cyclables le long du canal Saint-Denis.

Et, bien sûr, les deux projets les plus emblématiques de la session de 2024 : le « Village des athlètes » et le « Village des médias » – encore une appellation trompeuse, tant leur conception est à l'opposé de ce que sont bourgs et hameaux.

Les mots, toujours, sont importants. Les objectifs mis en avant par le COJO sont forts, tranchants et assument une forme de brutalisme : les sites aménagés doivent « transformer le territoire[155] », les Jeux doivent « accélérer le développement ». Les villes de Seine-Saint-Denis concernées par ces constructions sont labellisées « territoires des Jeux » et doivent, grâce à eux, devenir « plus attractifs, accessibles et innovants[156] ». Le quartier où résideront les athlètes « incarnera l'urbanisme du XXIe siècle[157] ». L'après ne doit pas ressembler à l'avant.

À cet « héritage » si capital, le COJO n'alloue pourtant que 50 millions d'euros. La somme frôle le ridicule au regard de son budget total de 4,4 milliards d'euros (chiffrage de décembre 2022), puisqu'elle n'en représente qu'un tout petit peu plus de 1 %. A, en plus, été créé un fonds de dotation *ad hoc*, une structure à but non lucratif qui permet à ses donateurs de bénéficier de réductions fiscales (66 % du don). Il est ouvert au soutien des riches partenaires marketing de Paris 2024. Le reste est financé par l'État, les collectivités locales le secteur privé de l'immobilier (pour les « Villages ») et la grande marque de sport qui a donné son nom à la nouvelle salle de sport et de spectacle de la porte de la Chapelle.

Arrêtons-nous un instant sur le cas de cette construction *made in* JO. D'abord son nom. La pratique marketing qui permet à une marque de nommer une enceinte sportive ou un championnat d'après son sponsor principal n'a pas commencé avec les olympiades (regardez comment s'appellent les récents grands stades de Nice, Bordeaux, Rouen, Lille, etc.). Mais l'exemple de l'Adidas Arena pique un peu.

Parce qu'il a coûté beaucoup d'argent public, financé à la fois par la municipalité et la Solideo : 127 millions d'euros en tout[158], presque le double, à lui tout seul, du budget annuel du sport à Paris (72 millions d'euros en 2023[159]). Et qu'il sera exploité par la Paris Entertainment Company, une société d'économie mixte dont la ville est l'actionnaire majoritaire, qui a remporté la délégation de service public (DSP).

Et aussi parce qu'une autre dénomination était possible : le patronyme d'Alice Milliat, militante du sport féminin au début du xxe siècle. Malgré l'opposition, formulée avec le plus grand mépris, de Pierre de Coubertin, qui pensait que l'olympisme était un privilège masculin, elle organisa à Paris en 1922 les premiers JO d'athlètes femmes. Elle figure aujourd'hui en bonne place dans le matrimoine féministe du xxe siècle.

L'idée était si bonne que l'étude de sa possibilité fut adoptée à l'unanimité en conseil de Paris, le 24 juillet 2020, sur une proposition du groupe communiste. Dans la salle du conseil municipal, le drapeau olympique trône derrière le siège de la présidente de séance. Deux ans plus tard, conformément au contrat de DSP, le nom de la salle polyvalente de sport et de musique est voté par les élu·es de la ville. Mais c'est l'Adidas Arena qui est choisi. La multinationale s'engage à verser 2,6 millions d'euros chaque année en échange de ce *naming* en plus d'une redevance annuelle de 260 000 euros à la ville, ainsi que 180 000 euros pour les clubs et associations sportives du XVIIIe arrondissement.

« Ce montant est sans équivalent en France, ni même en Europe », a défendu l'élu de la majorité, Emmanuel Coblence : « On ne recourt pas au *naming* d'un équipement pour le plaisir de donner le nom d'une marque d'une société à un équipement sportif, il s'agit davantage d'un principe de responsabilité[160]. » Une plaque au nom d'Alice Milliat sera bien accrochée, mais pour nommer l'esplanade conduisant à l'Arena. « On enlève le nom de l'Arena pour la mettre sur la place juste en dessous à l'ombre d'Adidas. Voilà le symbole ! Adidas en haut en gros, Alice Milliat en petit sur la place », ironise l'élu écologiste Émile Meunier.

Le seul équipement sportif construit à Paris intra-muros pour les Jeux porte donc le nom du partenaire marketing historique des olympiades. On pourrait se croire dans une dystopie d'Alain Damasio. L'équipementier ne fait pas partie des sponsors officiels de 2024. Avec ce *naming*, il se replace en tête de la course au placement de produits.

Voilà pour le symbole. Mais les conséquences de cet équipement pour le quartier sont concrètes et matérielles. Une équipe de basket pourra s'y entraîner, le Paris Basketball. Des gymnases seront accessibles au public. Des commerces vont ouvrir. Des bars et des cafés, sans doute, pour désaltérer le public des futurs concerts. Une esplanade plantée d'arbres va mener à la salle de 8 000 places. Il est même possible que de bons sons y soient joués. Qui pourrait s'en plaindre ?

Tout autour, un nouveau quartier voit le jour, entre la porte de la Chapelle et celle d'Aubervilliers : la ZAC Gare des Mines-Fillettes. Des logements sociaux, mais aussi des appartements privés, des bureaux, des allées de promenade. Une « gentrification olympique » résume *Le Monde*[161]. Pour la ville, la réorganisation de cette zone est stratégique : il s'agit de rendre plus facile à vivre, plus agréable à emprunter et plus belle une zone fracturée par les voies urbaines : les boulevards des Maréchaux, la ligne de tram, le périph. C'est une entrée de Paris à reconquérir. Une « opération globale de transformation urbaine » est en cours. Elle vise à « favoriser les mobilités actives, implanter de l'activité économique, créer des aménagements sportifs et des aires végétales ». C'est un bon exemple de la gentrification, ces politiques de remplacement d'une population précaire par des plus riches, à la française : par l'État, et à coups de grands projets d'aménagement.

Mais pour qui ? En 2023, dans les derniers mois de construction de l'Arena, des SDF, toxicomanes, réfugié·es sans statut, mineurs isolés survivent tant bien que mal dans les interstices de la porte la Chapelle. La « colline du crack », ancien campement et havre de misère, a été détruite. Mais la pauvreté, l'addiction et l'isolement social rabattent toujours de nouvelles et nouveaux venu·es dans ce triangle de misère. On y deale, crie, pisse, dort, tape, vole, gobe. Que deviendront ces personnes une fois le quartier requalifié autour de son nouveau vaisseau olympique ? N'auront-ils pas eux aussi été poussés dehors par la dynamique des JO ?

À Saint-Denis, un seul équipement sportif a été construit pour que s'y déroulent des épreuves olympiques : le centre aquatique olympique (CAO). Lui aussi mobilise une quantité exceptionnelle d'argent public : 150 millions d'euros[162], en comptant le franchissement de l'A1, autoroute qui en bloquerait sinon l'accès depuis le Stade de France – tout piéton ou cycliste qui s'est un jour perdu dans le nœud routier de la plaine Saulnier le sait.

C'est beaucoup plus que ce qui était prévu au départ (111 millions), un beau surcoût de 35 %. Et surtout, c'est à des années-lumière au-dessus des moyens dont dispose la ville de Saint-Denis pour financer les activités sportives de ses habitant·es. En 2023, année d'effort budgétaire du fait de la coupe du monde de rugby et de l'imminence des JOP, elle réussit à allouer un peu plus de 9 millions d'euros à la réhabilitation de ses équipements sportifs[163]. La piscine olympique coûte 17 fois plus.

Pourquoi s'en plaindre puisque c'est exactement l'effet attendu des JO : multiplier les financements publics qui habituellement manquent tant aux communes de Seine-Saint-Denis. Cette promesse est depuis le départ au cœur de la candidature de Paris 2024 : « Les sports de natation bénéficieront d'un nouveau complexe de classe mondiale situé en Seine-Saint-Denis », annonce le dossier de candidature de Paris 2024. Car les Jeux « s'intègrent dans la stratégie de développement coordonné entre la ville de Paris et le département de Seine-Saint-Denis[164] ». C'est le rêve d'un Grand Paris inclusif : que les sommes folles dépensées pour les Jeux ruissellent vers les banlieues pauvres de la capitale.

À dépense inédite, effet historique ? Initialement, le palace aquatique devait donc servir d'écrin aux épreuves de natation, épreuves parmi les plus prestigieuses. Mais rien ne s'est passé comme prévu.

Les courses de nage, avec leurs athlètes au corps de divinités grecques, leur vitesse exceptionnelle en coulée que l'on peut admirer grâce aux multiples caméras subaquatiques, n'auront pas lieu en Seine-Saint-Denis. Aussi somptueux et immense que soit le nouveau bâtiment, il ne l'est pas assez pour satisfaire aux exigences du CIO (taille des tribunes, nombre de bassins d'entraînement). Dans un premier temps, en 2018, il fut donc décidé de compléter le CAO par des bassins démontables et des gradins temporaires : cela permettait de remplir les critères de finales sans construire un éléphant blanc, jamais plus utilisable en si grande capacité. Et sans dépenser trop d'argent public puisque les structures temporaires des Jeux peuvent être financées par le COJO, et donc par le privé. Mais dépenser une vingtaine de millions d'euros pour des aménagements de quelques semaines, cela commençait à ressembler à de l'argent balancé par les fenêtres.

En septembre 2020, face à « la nécessité de contenir les conséquences de l'évolution du coût du CAO », écrit la Cour des comptes, qui considère qu'il a été au départ « manifestement sous-évalué[165] », la décision est prise de déplacer les épreuves de natation au Paris La Défense Arena. Autre salle, autre ambiance : le plus grand espace intérieur de sport et de spectacle d'Europe – jusqu'à 40 000 spectateurs – appartient à une grosse fortune : Jacky Lorenzetti, investisseur dans l'immobilier et le vin, et patron du club de rugby Racing 92. Les épreuves reines de la nage aux JO se dérouleront donc en plein quartier des affaires des Hauts-de-Seine, loin, très loin du public familial et populaire de la Seine-Saint-Denis.

Le CAO ne conserve que les épreuves de natation artistique, plongeon et water-polo (à l'exception des finales). Alors quel est l'intérêt de payer si cher une piscine dont l'usage sera si limité pendant les Jeux ? Combien de lignes de nages, de postes de maîtres-nageurs, de subventions à des associations sportives auraient pu être financés avec cette somme ?

Et quand a-t-on vraiment demandé aux habitants ce qu'ils préféraient payer : des bassins où nager et faire apprendre à leurs enfants, ou un monument mondialement célèbre où ils n'iront qu'une fois de temps en temps ? « L'héritage des Jeux représente d'abord une grande fierté, un héritage immatériel[166] », déclare Mathieu Hanotin, maire PS de Saint-Denis. « Les trente jours de compétition doivent être réussis, mais les trente ans d'héritage, c'est ça qui nous mobilise et qui fait que nous nous sommes engagés[167] », affirme Stéphane Troussel, président du conseil départemental. En plus des bassins, la mégapiscine disposera d'espaces de fitness, foot à cinq, escalade et basket à trois.

C'est la métropole du Grand Paris, cette entité administrative dont le président est élu à bulletin secret, réunissant communes, départements et région, qui est le maître d'ouvrage de la piscine géante. Mal connue du grand public, c'est une institution distante à qui personne, même pas celles et ceux qui votent, ne pense vraiment à demander des comptes.

HÉRITAGE NÉGATIF

Un héritage, ça peut changer la vie. Mais tout dépend de ce qu'il contient et de combien de personnes en profitent. C'est exactement la question soulevée par le CoPER 93, un collectif d'enseignants et de membres du mouvement sportif, dans un appel qui a le mérite de l'efficacité. Il demande que pour un euro dépensé pour les JO, un euro aille à l'EPS et au sport dans le 93[168]. En tout, ils réclament 6 milliards d'euros d'investissements publics, autant que ce qu'ils estiment que coûtent les Jeux de 2024, pour rattraper le retard du département : 15,4 installations sportives pour 10 000 habitants, alors que la moyenne nationale est de 50.

Dépenser 150 millions d'euros pour une méga-piscine, c'est donc à la fois trop pour un seul site et pas assez pour répondre aux besoins des 1,6 million de personnes vivant dans le département. Quel que soit le côté par lequel on observe ce chiffre, il n'est pas à la bonne échelle. Son seul héritage incontestable est son aspect monumental, tout de bois revêtu. Il crée ainsi une identité visuelle et un point de repère urbain pour le nouveau quartier, encore un, qui doit voir le jour autour de lui sur la ZAC Saulnier, un ancien site industriel qui servit à produire du gaz pour la ville de Paris, puis devint un laboratoire de recherche opéré par Engie.

Adidas Arena Porte de la Chapelle, CAO à Saint-Denis : ces deux aménagements sont exemplaires d'une forme d'extractivisme urbain. Pour faire le bien d'un territoire, des investissements massifs tombent d'un coup et créent un effet de souffle : on passe en un éclair de la friche au palace sportif, du terrain délaissé au monument hyper moderne. Ce qui ne valait rien soudain pèse lourd. Mais la valeur ainsi créée ne revient pas aux habitants qui ne peuvent pas en décider l'usage. Ils n'ont pas voix au chapitre.

La plus-value remonte aux aménageurs. Comme dans une course de relais, ils se jettent sur la piste, le témoin à la main, prêts à le transmettre aux investisseurs, promoteurs, architectes, publicitaires, vendeurs qui attendent leur tour, main tendue depuis leur starting-block. C'est le sujet du chapitre suivant sur l'extractivisme olympique.

Extractivisme, car il ne s'agit pas seulement de la privatisation de l'utilité publique. C'est un surgissement disruptif de valeur qui efface la mémoire des quartiers remaniés, chasse les plus précaires, uniformise l'espace public avec les mêmes enseignes commerciales, bétonne, remplace une population par une autre. Le député communiste de Seine-Saint-Denis Stéphane Peu, et coauteur d'un rapport parlementaire d'information sur les retombées des JO dans le 93[169], s'est inquiété lors de son audition par ses pairs[170] de la fermeture de 7 500 places d'hébergement d'urgence en Île-de-France en 2022. Il a aussi dit sa crainte que le phénomène ne s'aggrave à l'approche des olympiades, certains établissements préférant couper leur contrat avec le Samu social et se remettre sur le marché touristique classique.

Le 17 octobre 2023, des travailleurs sans papiers et leurs soutiens ont bloqué le chantier de l'Adidas Arena de la Porte de la Chapelle. À l'issue de cette journée, un accord a été annoncé avec la mairie de Paris et les entreprises concernées pour régulariser les ouvriers. En mars 2023, la préfecture de Seine-Saint-Denis avait annoncé attribuer des papiers à 131 personnes sans titre de séjour employées sur des chantiers olympiques.

L'argent mobilisé par ce développement à marche forcée de fragments de ville manquera ailleurs. Le processus est unilatéral et inégal. S'ensuit une transformation environnementale au sens premier du terme : l'écosystème urbain est bouleversé. Les milieux de vie, modifiés.

Avec un léger effort, on pourrait même oublier que le « Village olympique », le centre aquatique olympique, le Stade de France, les olym-pistes cyclables le long du canal Saint-Denis se situent tout près de là où des émeutes ont éclaté en juin 2023 pour protester contre la mort de Nahel, tué à 17 ans par la police. Il s'en est fallu de peu pour que la piscine olympique d'Aubervilliers (voir le chapitre 6) ne parte en fumée pendant la nuit du 29 au 30 juin 2023. Lors d'une échauffourée entre police et jeunes, un gigantesque incendie a détruit douze bus dans un dépôt de la RATP, à quelques mètres seulement du chantier olympique. Ce soir-là, on pouvait entendre un ado rigoler : « C'est fini ! Annulés, les Jeux olympiques[171] ! »

POST-SCRIPTUM 4 : 15 MARS 2023

Un mercredi matin. Message d'un ami via une application cryptée : « Sympa ce comité d'accueil JO. » Il envoie une photo qui s'étale de tout son long sur l'écran de mon téléphone : une rangée de policiers cagoulés, jambes écartées, mains serrées sur la ceinture, en position défensive. Derrière eux, le visage rouge et les cheveux ras de leur chef. Et derrière encore, l'armature en bois du centre aquatique olympique en cours de construction à Saint-Denis. Nous sommes le 15 mars 2023.

Ce matin-là, une centaine de personnes ont bloqué pendant quelques heures l'accès au chantier de la mégapiscine. Une action organisée en convergence contre la réforme des retraites et contre la tenue des JO en Seine-Saint-Denis par des collectifs, dont Saccage 2024, et des syndicats. Je m'y suis rendue au petit matin.

Une banderole tenue par des militant·es proclame : « La terre brûle. Fini de jouer ! » Une autre dit : « Ni départ à 64 ni Paris 2024 ! » Empêché d'entrer sur son chantier, un chef s'énerve : « Le droit de grève hein ! Les trois-quarts de ces gens ne travaillent pas. C'est des anti-tout : anti-flics, anti-JO… » Salarié de Bouygues, en charge du gros œuvre, il emploie 15 sous-traitants. « Ici y a pas mieux comme conditions de travail. C'est contrôlé. Les gars font des pauses toutes les deux heures et s'arrêtent une heure à midi. » Aucun risque de travailleurs sans papiers, il est catégorique, grâce à un système d'« e-checking » : « Vous ne rentrez pas sans badge, le portail ne s'ouvre pas. » Il n'a rien contre les étrangers, mais en a marre que les gens ne respectent pas la loi. Après quelques minutes de discussion, il dit être favorable au rétablissement de la peine de mort et qu'à la dernière présidentielle il a voté pour Marine Le Pen.

Un peu plus loin, un menuisier portugais attend lui aussi d'accéder au chantier. Habituellement, il travaille de 7 heures à 16 heures et respecte les 35 heures par semaine. Que pense-t-il de cette mégapiscine construite à Saint-Denis ? Il sourit. « C'est un monument ! C'est bien pour la ville. C'est une charpente unique en France. Elle est impressionnante. C'est les JO, faut avoir quelque chose de grandiose. »

CHAPITRE 5.
EXTRACTIVISME OLYMPIQUE

L'affiche a surgi dans le métro parisien en juin 2023. Six lettres majuscules s'y détachent d'un fond bleu marine : « Apogée ». Le point le plus haut, un sommet, un zénith. Par extension, l'idée d'une réussite absolue, avec un parfum de royauté. Sur la gauche de l'image, la vue en contre-plongée d'immeubles truffés d'arbustes comme on incise un rôti avec du persil. Sur un toit, on distingue la forme d'anneaux olympiques.

C'est ainsi que Vinci, toute-puissance du BTP, a lancé la commercialisation de son îlot d'habitations sur le « Village » olympique : 174 appartements surplombant la Cité du cinéma fondée par Luc Besson, avec en prime, une vue sans égale sur l'A86.

La publicité n'est pas mensongère. Les prix sont plus hauts que tout : 7 000 euros le mètre carré alors que la moyenne dans la ville de Saint-Denis au même moment tourne autour des 4 400 euros[172]. Si bien que quelques semaines plus tard, les vendeurs proposent leurs premières ristournes : –2%. Sur les cent premiers logements mis en vente, seuls 15 ont été réservés. « On aurait pu espérer mieux compte tenu du caractère exceptionnel de ce projet et des prestations de ces logements », regrette le directeur territorial du groupe dans une interview[173].

Pourtant Vinci Immobilier et la Caisse des Dépôts et Consignation avaient eu une géniale intuition en 2011 en rachetant à EDF le terrain d'une ancienne centrale électrique à quelques centaines de mètres de la station de métro Carrefour Pleyel. Un deal à 21,6 millions d'euros pour 6,4 hectares de friche et un prix à l'image du quartier de l'époque : pauvre. Le groupe bâtit un premier lot d'immeubles sur une partie du terrain, et, prévoyant, garde de la place pour d'autres projets, à côté de la Cité du cinéma. En 2015, les premiers T3 sont mis en vente à 4300 euros le mètre carré[174].

Deux ans plus tard résonnent les trompettes de la victoire : Paris obtient l'organisation des Jeux de 2024 (voir le chapitre 2). Le « Village » olympique doit être construit dans la zone où Vinci a acheté son terrain. La Solideo lui commande 109000 mètres carrés de surface de plancher (le programme Universeine). Déjà propriétaire de la parcelle, le groupe n'a pas à acheter le foncier qui a pris de la valeur dès l'annonce des olympiades et réalise une belle économie, à la différence des autres promoteurs arrivés plus tard sur le « Village ». À l'été 2023, il met en vente les T3 d'Apogée à partir de 452000 euros – environ 6500 euros par mètre carré. Des appartements 50 % plus chers que six ans plus tôt au même endroit. Cette spectaculaire augmentation, c'est le butin des JO.

C'est aussi une recette en moins pour la Solideo, l'établissement public qui coordonne la construction du « Village ». Car elle finance une partie des travaux à sa charge – les espaces publics – par la vente aux promoteurs de la charge foncière, qui correspond au prix du terrain additionné des coûts pour le rendre constructible (démolition des entrepôts existants, etc.). Au total, elle a engagé 517 millions d'euros dans le quartier des athlètes et le « Village » des médias à Dugny (voir le chapitre 6). Un gros quart de cette somme a été payé par la vente des parcelles[175], à l'exception des terrains de Vinci.

« CRÉER EX NIHILO UNE COMMUNAUTÉ HUMAINE »

Pourtant cette recette foncière ne pèse pas grand-chose par rapport au flot d'argent privé déversé sur le quartier des athlètes : 1,56 milliard d'euros[176] payés par les promoteurs immobiliers selon l'évaluation globale de la Solideo. En y ajoutant les subsides publics[177] engagés au même endroit, près de 2 milliards d'euros ont été dépensés au total sur le « Village » olympique de Paris 2024. C'est l'équivalent de tout le budget, tous domaines confondus, de toute la Seine-Saint-Denis en 2023[178].

L'addition de 100 000 mètres carrés de bureaux et de services pose question dans un département où de nombreux locaux tertiaires ne trouvent pas preneurs. La surface vacante a quasi doublé en région parisienne depuis la crise du Covid-19 selon une note de l'Institut Paris Région, de novembre 2022[179]. Il est donc permis de se demander si c'est le meilleur usage possible de cet espace et de cet argent.

Pour prendre la mesure de l'énormité de ce chiffre de 2 milliards d'euros, il faut le décomposer. Après avoir hébergé 15 000 athlètes et leur staff, le site deviendra un quartier d'habitation pour 6 000 personnes et un lieu de bureaux pour 6 000 travailleurs. En émettant l'hypothèse que ces deux populations ne se recoupent pas, et qu'il y aura donc 12 000 utilisateurs de cette zone, on peut en déduire que chaque individu aura bénéficié d'un investissement initial de 167 000 euros. Une jolie somme dans un territoire victime de plusieurs décennies de sous-investissement public, au point que des maires avaient attaqué l'État en justice pour rupture d'égalité en 2018[180]

Surtout quand on la compare aux 2,3 milliards d'euros de subventions que l'Agence nationale de rénovation urbaine (Anru), dédiée à l'amélioration du bâti dans les quartiers populaires, engage en Seine-Saint-Denis dans son programme finalisé en 2023[181]. Un département « dans lequel nous avons beaucoup de projets », explique Anne-Claire Mialot, la directrice générale de l'Anru, dont les concours financiers au 93 concernent 600 000 habitant·es de quartiers dits prioritaires[182]. Autrement dit, le total du budget de l'agence pour renouveler une trentaine de quartiers en Seine-Saint-Denis, le département où est construit le « Village » des athlètes, représente une subvention de 3 800 euros par personne considérée comme prioritaire par la politique de la ville. C'est 44 fois moins par tête que pour le quartier olympique.

Alors qui est vraiment prioritaire ?

La comparaison ne porte pas sur la nature des subsides. Le quartier olympique est financé à 78 % par le privé, tandis que les subventions de l'Anru sont à 100 % publiques. Mais si on analyse la situation en termes d'allocation de capital, pour voir où va la richesse créée, le décalage est brutal. Il fait froid dans le dos. Car les besoins sont immenses.

À Saint-Denis, 9 529 demandes de logements sociaux étaient en attente, au 31 décembre 2022. À Saint-Ouen et L'Île-Saint-Denis (voir chapitre 1), autres communes d'accueil du quartier olympique, respectivement 5484 et 587 familles espéraient au même moment une réponse du parc HLM. À Dugny, où s'est construit le « Village » des médias, 1245. Dans les villes où se sont construites les habitations des JO, près de 17000 personnes se trouvaient donc sans solution de logement décent correspondant à leurs moyens un an avant la livraison des chantiers.

Elles auront très peu de chance de profiter de l'immobilier olympique. Car la part des logements sociaux y est minoritaire : 32 % du nombre total d'habitations à Saint-Denis et à Saint-Ouen, sur l'équivalent de respectivement 25,5 % et 26,5 % de la surface construite[183]. Au départ, le pourcentage de logements sociaux devait s'élever à 40 % à Saint-Denis[184]. C'était un engagement du précédent maire (PCF) Laurent Russier. La nouvelle municipalité socialiste en a décidé autrement. Ces taux de logement social sont assez standards pour ce genre d'opérations. Mais c'est précisément ce qui amène à s'interroger : l'effet JO n'aurait-il pas pu permettre un effort particulier pour renforcer l'offre de logements aidés dans des quartiers où tant de familles sont à la recherche d'un habitat décent ? D'autant qu'une partie de ces habitations à prix aidé sont destinées aux classes moyennes. Côté Universeine, Vinci vend 151 logements locatifs intermédiaires (les loyers y sont plafonnés) à CDC Habitat, l'opérateur de logements sociaux de la Caisse des dépôts, ainsi que 203 de type « abordables contractualisés » inférieurs au prix du marché, et 150 en résidence étudiante[185]. Au total, le groupe CDC Habitat va gérer 505 logements sociaux sur le « village », dont plus de la moitié ont une véritable vocation sociale : 113 PLAI financés par le Prêt Locatif Aidé d'Intégration destinés aux locataires en situation de grande précarité, 150 PLUS financés par le Prêt Locatif à Usage Social et qui correspondent aux locations HLM, 50 PLS financés par le Prêt Locatif Social pour les personnes au-dessus des critères HLM mais ne disposant pas de revenus suffisants pour se loger dans le privé. S'y ajoutent une résidence étudiante de 130 logements et une résidence sociale de 60 habitations[186].

À L'Île-Saint-Denis, la donne est différente avec près de la moitié (48 %) de logements sociaux dans le « Village ». Le maire écologiste de cette petite commune de 8600 habitant·es[187], Mohamed Gnabaly, s'est par ailleurs engagé à réserver une cinquantaine de ces logements aux personnes vivant déjà sur l'île.

En résumé, un nouveau quartier concentre des moyens financiers inédits dans un territoire où de nombreuses personnes se débattent avec le mal-logement. En Seine-Saint-Denis, le taux de pauvreté atteint 27,6 %[188], bien au-dessus de la moyenne nationale de 14,3 %[189].

Un an après les Jeux, quand les logements des athlètes deviendront un quartier de ville, 300000 mètres carrés seront livrés d'un coup, sur le marché. Pour la puissance publique, c'est un geste historique symbolique. Un an avant les Jeux et deux ans avant l'emménagement des nouveaux habitant·es, le petit monde de l'immobilier et des sites d'annonce frissonne déjà d'excitation.

Les JO sont « un boost temporaire intéressant à prendre en compte si l'on souhaite investir », veut démontrer une étude du site spécialisé SeLoger : dans les villes olympiques du 93, le prix du mètre carré est à la fois « relativement accessible » et « en constante augmentation depuis 2017 », année de la désignation de Paris 2024[190]. La BRED, banque membre du groupe BPCE, affirme que les villes de la Seine-Saint-Denis « constituent de nouveaux centres d'investissement prometteurs, faisant grimper les prix du mètre carré (+ 25,4 % en 5 ans) ». Les JO créent « incontestablement une très belle opportunité locative pour les biens proches des sites des compétitions bien desservis par les transports[191] ».

C'est aussi l'analyse d'ImAvenir, une société de conseil en investissement locatif spécialisée dans le Grand Paris, selon qui « l'approche des Jeux olympiques de Paris 2024 a suscité un intérêt considérable pour l'investissement immobilier ». L'afflux de nouveaux résidents, l'installation de commerces et « la revitalisation de quartiers modestes » offrent des perspectives « pour faire de bonnes opérations financières[192] ». Ce n'est pas fini. Selon une étude de meilleursagents.com, les olympiades ont, un an avant, déjà un effet sur le marché de l'immobilier : +29,3 % en cinq ans à Saint-Ouen, +18,1 % à Saint-Denis, +18,1 % au Bourget où se tiendra le centre des médias, +22,1 % à Aubervilliers où a été construite une piscine d'entraînement des JO[193] (voir le chapitre 6). Le courtier en crédit immobilier et assurance emprunteur Empruntis a même calculé la « rentabilité brute moyenne » de ces investissements immobiliers : 5,4 % à Saint-Denis, une meilleure aubaine qu'à Paris (3,4 %)[194]. Comment y résister ?

Cet engouement repose sur plusieurs phénomènes concomitants qu'il est difficile de distinguer : arrivée du métro du Grand Paris Express, construction d'un hôtel de haut standing et de bureaux au carrefour Pleyel, aménagement à venir de la ZAC Saulnier. Les chantiers olympiques accélèrent et renforcent une valorisation immobilière qui a aussi d'autres causes.

À travers ces commentaires plus ou moins fondés et plus ou moins crédibles d'agents économiques du système immobilier se matérialise le risque de hausse structurelle et volontariste des prix du logement. Où iront habiter celles et ceux qui seront bouté·es hors du marché privé, mais ne trouveront pas de place dans le parc social ? Les taudis, logements insalubres, indignes ou tout simplement sur occupés, sont déjà beaucoup trop nombreux dans cette petite couronne parisienne. Combien de nouvelles familles devront encore tomber dans les affres du mal-logement[195] ? Les locations à courte durée pendant les événements sont l'occasion de véritables arnaques locatives, avec des prix atteignant des niveaux fous[196]. Mais l'enjeu dépasse de loin la quête opportuniste d'aubaines éphémères à l'été 2024.

Dans cette affaire les mairies n'ont pas protégé leurs habitant·es les plus vulnérables. Dès le départ, la ville de Saint-Ouen prévient qu'elle ne limitera pas les prix de sortie des logements privés olympiques. La Solideo l'annonce dès mars 2019, et en fait un argument pour rassurer les investisseurs. En juillet 2023, sur cette partie du « Village », les premiers appartements sont mis en vente entre 5 800 euros et 6 600 du mètre carré, légèrement en dessous des prix médians du marché affichés par les sites spécialisés. Mais au-dessus des 5 500 euros par mètre carré avancés par la directrice générale adjointe de la Solideo, Isabelle Vallentin, lors d'une réunion publique d'information en mars 2019[197].

Mais c'est à Saint-Denis que l'écart est le plus affolant. Lors de cette même réunion, Patrick Braouezec, alors président de Plaine-Commune, l'établissement public territorial regroupant les communes de l'ouest du département, affirme que les collectivités veulent « rester dans les prix actuels », soit à l'époque entre 3 800 et 4 000 euros par mètre carré. Quatre ans plus tard, on a vu que Vinci vendait très au-dessus de ce niveau rassurant, avec une moyenne de 7 000 euros le mètre carré.

RAISON D'ÉTAT ET CONQUÊTE LUCRATIVE

Que s'est-il passé ? J'aurais aimé pouvoir raconter depuis l'intérieur les tours et astuces des promoteurs et investisseurs immobiliers impliqués dans la construction des « Villages » olympiques. Mais de toutes les portes que j'ai essayé de pousser pour comprendre de quoi était fait Paris 2024, ce fut la plus verrouillée. Questions restées sans réponses, demandes d'entretien ignorées, refus d'accès à un séminaire de professionnels de l'immobilier, visite du chantier du Village des athlètes annulée au dernier moment et jamais reprogrammée. À Dugny, en décembre 2022, j'ai dû littéralement courir après le maire de la ville où ont été construits les logements des journalistes pour qu'il honore le rendez-vous qu'il m'avait accordé. L'immobilier des JO, c'est aussi transparent que les arrangements entre Lafarge et Daesh en Syrie. Vous qui voulez entrer et voir, abandonnez toute espérance.

Pourquoi ?

L'opacité du monde des affaires, la méfiance vis-à-vis des journalistes, la protection de son image et de sa réputation : ces mécanismes de verrouillage sont bien connus. Mais il ne s'agit pas que de cela. Ce n'est pas qu'une histoire de secret des affaires à occulter. Une autre force est à l'œuvre, souveraine, surplombante, profondément antidémocratique. Une logique de raison d'État et de conquête lucrative, une puissance redoutable. Un magma de fierté nationale et de capital symbolique. La double croyance dans le génie français et la nécessité de la croissance du PIB, matrice indicible et omniprésente.

Elle prend la forme d'une démonstration de force industrielle : « Il y a quelque chose qui a été demandé par le gouvernement : nous sommes la sixième puissance économique, il faut que les Jeux reflètent la puissance de notre industrie dans le domaine de la ville », déclare Nicolas Ferrand, le directeur général exécutif de la Solideo devant les sénateurs qui l'auditionnent en 2018[198]. Quatre ans plus tard, les constructions battent leur plein, les premières grues commenceront bientôt à être démontées. Devant un parterre de professionnel·les de l'aménagement, il devise : « On est toujours un très grand pays de bâtisseurs puisqu'on est capable de faire tout ça [...]. Au moment où il y a eu un certain nombre de remises en cause de grands projets, c'est bien de se dire qu'on est un grand pays encore capable de mobiliser une ingénierie publique, une ingénierie privée, une ingénierie administrative, une ingénierie financière[199]. » Mathieu Hanotin, le maire de Saint-Denis, le dit autrement lors de la même conférence : si les Jeux se font dans le 93, « c'est parce qu'il y avait de la place, il faut être pragmatique. Mais aussi parce qu'il y avait une démonstration à faire : que les JO peuvent être la plus belle fête du monde qu'on organise avec le savoir-faire français. »

Des déclarations de ce type, il y en a eu beaucoup d'autres. Leur point commun est aussi une spatialisation abstraite et surplombante : le même Hanotin veut « faire une démonstration que la banlieue, c'est pas qu'un boulet pour la République. Que ça peut aussi être une chance. » Il dit aussi qu'« il faut que ce soit l'occasion pour un territoire de démarrer[200] ». Devant le Sénat, Nicolas Ferrand s'enflamme : « Dans cette partie de la Seine-Saint-Denis, avec l'arrivée du Stade de France [en 1998], on a eu le premier étage de la fusée, le Village olympique et l'ensemble des ouvrages olympiques étant le deuxième étage de la fusée[201]. »

La Banque des territoires, la branche de la Caisse des Dépôts et Consignation qui prête aux collectivités et entreprises locales, a fait calculer[202] « la valeur actualisée nette (VAN) socio-économique[203] » de l'îlot D qu'elle finance sur le « Village » – l'îlot D, dont le nom commercial est « Mundo ». C'est une formule abstraite qui tente d'objectiver et de justifier les investissements colossaux réalisés en évaluant leurs retombées extra-financières (sociales, environnementales et économiques). Résultat, si on le compare avec une situation sans nouveau quartier, la « VAN » est « surtout favorable aux futurs résidents et aux pouvoirs publics ». Et si l'on compare avec un quartier standard, la VAN est « surtout favorable à l'environnement », en raison des exigences écologiques du chantier et des économies d'énergie que doivent permettre les nouveaux bâtiments. Les riverains qui habitaient là avant l'opération ? Dans le premier scénario, ils subissent « les impacts nets négatifs » liés aux nuisances du chantier. Et dans le second, ils bénéficient d'une limitation des nuisances sonores et de la pollution atmosphérique émises par ce même chantier. Dans les deux cas, ils n'existent qu'en tant qu'objets extérieurs au projet de quartier et non comme sujets des promesses d'amélioration. Ils font partie des externalités. Encore une fois, ils sont cantonnés à la périphérie.

Ces récits passent aussi sous silence la dureté des conditions de travail sur ces chantiers, soumis à des cadences intenses pour respecter les délais. Au premier semestre 2023, 129 accidents du travail avaient été déclarés, dont 17 graves. Le 16 juin, Amara Dioumassy, un ouvrier de 51 ans, est mort écrasé par une camionnette sur un chantier du bassin d'Austerlitz visant à rendre la Seine plus propre en vue des JOP. Maçon et chef d'équipe, il était employé en CDI depuis plusieurs années dans une filiale de la société urbaine de travaux. Il avait cinq enfants âgés de neuf mois à neuf ans et habitait Aubervilliers, en Seine-Saint-Denis[204].

PRIVATISATION DOUBLE FACE

De l'aveu du directeur régional de la Banque des territoires en Île-de-France, Richard Curnier, son programme coûte 25 % plus cher qu'une opération classique : filière bas-carbone, ossature bois des bâtiments, efficacité thermique, retraitement des eaux, production d'énergie renouvelable (voir le chapitre 6)… Ces technologies ont un coût. Il faut aussi financer la réversibilité des bâtiments puisqu'ils doivent d'abord servir aux athlètes avant d'être vendus ou loués à des habitants. Il s'attend néanmoins à « une rentabilité globale très positive » : « Cette opération va être la vitrine du groupe Caisse des dépôts[205] ».

Si la Caisse des dépôts et sa filiale Icade, si le groupement Nexity/Eiffage ou encore Vinci se sont lancés dans la construction du « Village » olympique, ce n'est pas pour le plaisir de dépenser plus d'argent que d'habitude, ni même uniquement par fierté nationale ou amour du geste bâtisseur. La puissance publique a su créer le cadre réglementaire et financier qui correspondait à leurs attentes.

Dès mars 2019, la Solideo et la mairie de Paris en révèlent les principaux atouts devant une salle bondée du Palais des Festivals de Cannes où vient d'ouvrir le MIPIM, un salon international de l'immobilier réservé aux professionnels du secteur. C'est aussi là que la maquette du « Village » olympique est dévoilée sous les exclamations, les plateaux de coupes de champagne et le regard de son architecte, Dominique Perrault.

Premier geste de la puissance publique, même si c'est sans doute aussi une forme de réalisme économique : le prix du foncier, fixé d'emblée et rendu public pour le bloquer. Pour le lot D, remporté par la Caisse des dépôts et sa filiale Icade, la « charge foncière » indicative s'établit à 707 euros le mètre carré. C'est le prix à payer pour acheter le terrain et le rendre constructible. Pour le secteur E, gagné par le groupement formé par Nexity et Eiffage, ce sera 794 euros par mètre carré[206]. C'est beaucoup moins, à titre de comparaison, que ce que les promoteurs ont dû payer la même année pour acquérir les terrains de la ZAC Gare des Mines-Fillettes, pour y construire un nouveau quartier de logements autour de l'Adidas-Arena (voir le chapitre 4) : 1 120 euros par mètre carré[207].

Deuxième offre qui ne se refuse pas : plusieurs millions d'euros d'indemnisation du capital investi pour « annuler l'impact olympique » (231,60 euros par mètre carré de logements familiaux), ce qui correspond à une sorte de loyer de leur bâti pendant les olympiades – payé par le COJO, mais versé par la Solideo. Il y a aussi une compensation des surcoûts liés à la transformation des logements olympiques en habitation classique (546 euros par mètre carré de bureaux). « D'une certaine manière, la puissance publique garantit aux investisseurs des groupements – Icade avec la banque des Territoires sur un immeuble de bureaux, CDC Habitat, Groupama, etc. – que l'opération soit rentable, analyse le chercheur Antoine Guironnet. C'est une forme de « dérisquage » qui passe aussi par la création de statut d'Opération d'intérêt national et la simplification des recours (voir le chapitre 2). La puissance publique internalise leurs exigences de rentabilité[208]. »

Car le ticket d'entrée dans la cour des constructeurs du quartier olympique était très élevé. Il fallait pouvoir construire « à blanc », c'est-à-dire sans avoir au préalable prévendu les logements et bureaux, ce qui permet communément de financer l'opération via les futurs propriétaires. Les promoteurs ont dû immobiliser beaucoup de capital pendant six ans. Dans ce type de système, les investisseurs achètent aux promoteurs, qui de ce fait voient leurs risques réduits.

Autre contrainte très forte : bâtir dans un délai court et non négociable. « On fait en 6 ans ce qui habituellement se fait en 20 ans » n'aura cessé de dire la Solideo. Même si les lots ont été divisés afin de réduire la charge pour chaque groupement, le marché des JO était structurellement réservé à des poids lourds. Même si Nicolas Ferrand s'en défend, mollement : « Ça dépend ce qu'on met derrière le mot "gros acteurs". » Il y a les trois majors et après toute une série d'entreprises qu'on connaît un peu moins, en général des groupements provinciaux d'origine et qui travaillent maintenant à Paris : dans le bâtiment, la construction et les travaux publics. On a délibérément organisé le découpage du Village olympique, avec des lots qui font à peu près 48 000 m^2 pour ouvrir le jeu. Alors que cela aurait été plus simple de faire des lots de 150 000 m^2 [209] ».

Ce n'est pas tout. Même si la Solideo prétend construire à droit constant, les chantiers olympiques ont en réalité bénéficié de toute une série d'avantages juridiques : classement du Village en Opération d'intérêt national, désignation d'une seule instance de jugement administratif afin de raccourcir les délais de jugement de recours, procédures d'expropriation accélérée. En 2018, la première loi votée sur les JO de 2024 instaure un régime d'urbanisme dérogatoire[210]. Création d'un procédé d'expropriation d'extrême urgence – qui n'a pas été utilisé –, allègement de la procédure de conception-réalisation pour les équipements publics, création d'un permis « à double détente » permettant une autorisation d'urbanisme unique pour deux usages, en l'occurrence l'hébergement des athlètes et du grand public. Si les maires n'avaient pas délivré les permis de construire, l'État aurait pu se substituer à eux grâce au statut d'Opération d'intérêt national. Également, la suppression de l'étape du tribunal administratif en cas de recours, directement jugé par la cour administrative d'appel de Paris[211].

Toutes ces dispositions ne sont pas strictement techniques. Les règles de consultation du public ont été changées, autorisant la possibilité qu'elles se déroulent uniquement en ligne. La modification des documents d'urbanisme est simplifiée. Tout cela permet « au CIO d'imposer son agenda et de court-circuiter les concertations citoyennes », protestent Cécile Gintrac et Léo Kloeckner, membres du Comité vigilance JO 93, dans la revue *Métropolitiques*[212].

Cela crée de fait une situation parfaitement ambivalente : où s'arrête le public dans cette opération immobilière ? Où commence la sphère privée ? Si le « Village » était un visage, il ressemblerait au Double-Face de *Batman* : fendu en deux.

PEUT-ON HABITER LE CAPITAL ?

Est-ce une forme de privatisation de la ville ? Cela dépend de ce qu'on entend par ce mot. Dans certains cas, l'acteur privé se fait aménageur à la place du public. Ce n'est pas le modèle choisi par les constructions de Paris 2024 qui se trouvent toutes sous maîtrise d'ouvrage publique, celle de la Solideo, qui supervise l'ensemble, et des collectivités locales impliquées. Le cas de Vinci à UniverSeine, où le promoteur était devenu propriétaire du foncier bien avant les Jeux et avait commencé à y construire, est un exemple de « promoteur-propriétaire aménageur » car il y a réalisé des voieries et des espaces publics[213].

Mais il existe d'autres formes d'hybridités du capitalisme urbain. Les promoteurs privés peuvent intervenir en amont à côté de l'aménageur public et prendre tout simplement plus de place que dans une opération classique. Dans le cas des « Villages » des athlètes et des médias, ils procèdent de zones d'aménagement concertées (ZAC), l'outil habituel d'aménagement en France pour les projets d'une certaine envergure. Dans ce cadre juridique, aménageurs, investisseurs et promoteurs peuvent discuter des éléments du programme et de son financement. C'est un espace d'échanges et de façonnage du projet[214]. Quand un groupement de promoteurs intervient non plus seulement à l'échelle de la parcelle, mais à celle de l'îlot (plusieurs parcelles, des voies, de la végétation, etc.), il devient un « macro-promoteur » selon la consultante en économie urbaine Isabelle Baraud-Serfaty, qui estime que c'est une forme de « privatisation du projet urbain[215] ». Et que, dans « la chaîne de production de la ville », l'opposition traditionnelle entre le public et le privé est « de moins en moins opératoire ». De façon concomitante, on observe par ailleurs une financiarisation croissante du secteur qui se traduit par « l'essor des acteurs financiers dans la production urbaine : sociétés d'assurance, mutuelles, fonds de pension, fonds souverains) et particuliers (gestionnaires de grandes fortunes), banques d'affaires, sociétés de gestion de portefeuille, ou encore sociétés cotées en Bourse spécialisées dans certains secteurs (immobilier, infrastructure) », explique le chercheur Antoine Guironnet[216].

C'est une question d'échelle spatiale, mais aussi de capital et donc de rapport de force au sein de la ZAC. Dans le cas du « Village » olympique financé à près de 80 % par le privé, les entreprises ont plus que leur mot à dire. Surtout quand elles appartiennent aux multinationales dominantes du secteur : Eiffage, un empire européen du BTP, s'est associé à Nexity, premier promoteur immobilier français avec 4,7 milliards d'euros de chiffre d'affaires en 2022[217], et à l'assureur Groupama pour développer le secteur E du quartier des athlètes dit « les Belvédères ». Il se trouve à côté d'un autre lot, celui du groupe Caisse des dépôts, premier pôle financier public et de sa filiale Icade, ainsi que de CDC Habitat – qui intervient en copromotion et investissement. Il y a aussi Vinci, premier constructeur mondial, comme vu au début de ce chapitre. Le reste du « Village », du côté de L'Île-Saint-Denis, a été développé par des acteurs plus petits, mais importants dans le secteur : le groupe familial Pichet, spécialisé en promotion immobilière (1,6 milliard d'euros d'activité en 2022) et Legendre, un promoteur qui construit en Île-de-France et notamment sur le plateau de Saclay.

Quant au « Village » des médias à Dugny, on y retrouve Sogeprom, filiale de la Société Générale, et Amétis, la filiale d'un groupe de Montpellier spécialisée dans les logements sociaux (150 millions d'euros de chiffre d'affaires, mais 7,5 millions de pertes en 2022). Tous interviennent sous maîtrise d'ouvrage publique, c'est-à-dire sous la coordination de la Solideo et des collectivités locales impliquées.

Ce n'est pas une innovation des JO. La coconstruction immobilière par l'État et le secteur de l'immobilier financiarisé était déjà l'irrépressible force derrière l'aménagement de la Plaine Saint-Denis, où se trouve le Stade de France, comme l'explique le chercheur Antoine Guironnet[218]. À ses yeux, la formule est la même qu'en 1998, année de la Coupe du monde de foot et de la construction du grand stade : « un foncier abondant pour l'accueil de grands événements sportifs, en échange d'infrastructures[219] » payées par l'État (métro, autoroute, etc.). « Il y a quelque chose de nouveau, d'extrêmement intéressant sur le plan urbain : on livre un quartier complet, qui est quelque part la quintessence de la manière dont on pense la ville dans ces années 2020 en France[220] », a dit Nicolas Ferrand.

Mais peut-on habiter le capital ? Est-il possible d'élever ses enfants, d'aller à l'école, de faire ses courses avec joie et dignité quand son quartier est devenu un centre d'investissement ? La vitrine du génie français et du capitalisme urbain laissera-t-elle de la place à celles qui nettoient ses bureaux au petit matin et ceux qui livrent à ses cadres les plats qu'ils n'ont pas le temps de cuisiner ? Quand on sait à quel point le niveau des prix du quartier olympique est socialement sélectif et que la part de logements sociaux y est minoritaire.

La manière dont se sont passés les chantiers de la ville modèle des JO a créé une inégalité de plus : celle de la répartition spatiale des bénéfices. La Solideo s'était engagée à passer 534 millions d'euros de marchés auprès des PME et très petites entreprises (TPE, qui emploient moins de 10 salarié·es et dont le chiffre d'affaires annuel ne dépasse pas 2 millions d'euros) ainsi que des structures de l'économie sociale et solidaire. Au 13 juin 2023, un an avant les olympiades, cet objectif était déjà dépassé, se réjouit un rapport parlementaire[221], qui note que les entreprises bénéficiaires sont réparties dans 99 départements français. « C'est toute la France qui contribue à tout ça. Ce n'est pas les Franciliens qui parlent aux Franciliens ni la Seine-Saint-Denis qui parle à la Seine-Saint-Denis », a commenté le directeur général exécutif de la Solideo[222]. Mais les TPE et PME implantées en Seine-Saint-Denis ne représentent que 15,5 % des marchés, selon le même rapport.

Sur les 10 % d'heures travaillées réservées à l'insertion, le 93 est le premier bénéficiaire de la mesure : 1 694 personnes y résidant en avaient profité, sur un total de 3 497, en septembre 2023[223]. Tant mieux pour les personnes concernées. Mais les autres ? Au deuxième trimestre 2023, 165 660 habitant·es du département étaient en recherche d'emploi[224]. Presque 100 fois plus. Les olympiades n'avaient pas pour mission de résorber le chômage dans le 93, certes. Les montants considérables dépensés par la Solideo en divers marchés de construction et d'aménagement, près de 1,9 milliard d'euros, ont au final profité à très peu de travailleurs locaux.

Et pour combien de temps ? Le député de Seine-Saint-Denis Stéphane Peu s'est publiquement inquiété du futur taux de transformation de ces heures d'insertion en emploi durable[225]. La cour régionale des comptes s'est, elle, inquiétée dès 2022 du poids des dépenses olympiques sur les finances de Plaine Commune.

On peut le voir comme une marque du rayonnement national et du succès patriotique d'un projet, à ruisseler ainsi dans tout le pays. On peut aussi y déceler une forme de cynisme : on se sert des conditions matérielles avantageuses (foncier abondant et pas cher) d'une banlieue pauvre. On transforme sa pauvreté en capital symbolique : la transformation d'un territoire délaissé (la métaphore du décollage, de la fusée) et la justification de dépenser autant d'argent – 2 milliards d'euros – sur un confetti (52 hectares, soit l'équivalent de deux

Champs de Mars à Paris). On construit des habitations inaccessibles aux personnes qui y vivent déjà, mais ont servi de caution sociale à l'opération, et se retrouvent poussées dehors par l'amélioration de leur cadre de vie, en leur nom, mais pas pour elles.

EXTRACTIVISME

Depuis le début des années 2000, des mouvements de défense de terres agricoles, de forêts et de rivières ont forgé la notion d'extractivisme pour décrire les industries qui détruisent des écosystèmes pour extraire du sol des matières premières qui font ensuite leur richesse : pétrole, gaz, minerais, bois destinés à la construction ou à la production d'énergie, sable et même eau utilisée par les industries agroalimentaires.

Au-delà de la prédation d'espaces naturels qui sont aussi des milieux de vie, de travail et de croyances, ce qui caractérise l'extractivisme est que les forages ou mines incriminées captent les ressources de façon irréversible. Le pétrole pompé du delta du Niger n'y reviendra jamais, le lithium est sorti pour toujours des sous-sols du désert bolivien, tout comme le zinc et le cobalt arrachés du fond des océans. Ce type d'exploitation est par nature inégal : il faut beaucoup de capital et un pouvoir énorme pour manœuvrer les équipements nécessaires à ces extractions.

Une fois lancée, l'extraction de ressources minières peut être très rentable. Au fil des ans, les investissements du départ s'amortissent, et la vente des ressources minières rapportent de plus en plus. Dans bien des conflits environnementaux, les opposant·es aux projets extractivistes font face à de violentes formes de répression. Dans les pays du Sud global, ces opérations mettent en œuvre et accentuent des rapports coloniaux d'exploitation. L'extractivisme est en ce sens à la fois une manifestation du capitalisme globalisé et une extension de son champ d'influence[226].

Quel rapport avec les olympiades en Seine-Saint-Denis ?

L'extraction de valeur pompée du sol par les innombrables grues des chantiers olympiques, dopée par le grand récit de la fabrique d'une ville nouvelle et par les finances publiques. La disproportion des moyens employés entre d'un côté les habitant·es délogés (travailleur·ses migrant·es, locataires d'une cité HLM méprisée (voir le chapitre 1) et de l'autre, l'alliance de l'État et du capitalisme de l'immobilier par la grâce d'une opération d'intérêt national.

Ce qui est construit pour les JO restera en place pendant des décennies. Ces aménagements pensés et voulus comme des archétypes de modernité enferment les quartiers concernés dans un modèle inégalitaire et excluant : celui d'une ville qui doit être rentable pour ses investisseurs avant d'être hospitalière et solidaire. C'est aussi un verrouillage car il ne pourra plus s'y passer autre chose. La place est prise, l'espace est occupé, la valeur créée par les opérations a été distribuée entre les investisseurs, et le capital est déjà reparti ailleurs : vers d'autres territoires du Grand Paris ou de toute autre métropole en expansion. Vers les poches des actionnaires, des promoteurs et des investisseurs.

La sociologue Saskia Sassen a recours à cette même image de l'extractivisme pour décrire les ravages que cause le développement de la finance dans l'immobilier. À ses yeux, cela décrit un *modus operandi* unilatéral de capture de la valeur alors que l'accès à un logement décent est un droit humain fondamental[227].

Dans le cas des quartiers olympiques de Paris 2024, quatre phénomènes peuvent caractériser une forme d'extractivisme. En premier lieu, l'écart entre le total de ce qui est dépensé et le bénéfice direct qu'en retirent les habitant·es. Il y a 44 fois plus d'argent dépensé par personne pour le « Village » olympique que pour la rénovation des quartiers populaires. À cela s'ajoute le fait que 15 % seulement de TPE et PME du 93 bénéficient des chantiers olympiques. Et qu'on ne trouve qu'un nombre infinitésimal de résident·es en insertion sur les chantiers.

Ensuite, le brutalisme (voir le chapitre 4) : énormément d'argent dépensé d'un coup dans un endroit qui en manquait cruellement, à un rythme effréné et dans une visée transformatrice de rupture. S'ajoute une logique non démocratique, accentuée par les délais très contraignants et non négociables de l'événement : ne pas permettre aux habitant·es de codécider des aménagements à venir, ne pas tenir compte de leurs contre-projets, ne pas partir de leurs besoins exprimés, ne pas soumettre la candidature olympique à l'accord de la population, etc.

Enfin, l'extraction d'une rente foncière potentiellement considérable, exacerbée par le marketing globalisé et une puissance de feu médiatique sans équivalent, que l'État accompagne et encourage à la fois sur le plan juridique et le plan financier.

En regardant les publicités des programmes immobiliers de 2024, peuplées de personnages arborant tous les signes de la réussite sociale – vêtements, minceur, attitude, blanchité – tout semble lumière, jeunesse et joie de vivre. Il faut fournir un petit effort d'imagination pour deviner sous les silhouettes fabriquées par l'intelligence artificielle, tels des remords enfouis sous les couches de peinture, les derricks invisibles de l'extractivisme olympique.

POST-SCRIPTUM 5 : LA RÉUNION

Juin 2022. Les chantiers des JO ont commencé. Au sein des groupements qui ont remporté les appels d'offres, les discussions de travail sont intenses. Comment respecter le cahier des charges de la Solideo, l'établissement public qui coordonne les travaux, tout en restant dans les budgets ?

Ce jour-là, une réunion est convoquée entre un promoteur, un groupement de maîtrise d'œuvre (architectes, paysagistes…), et des entreprises de travaux engagées sur un gros chantier olympique. Le but : trouver des pistes d'économie concernant les voieries et les espaces verts car les dépenses dépassent ce qui était prévu. La discussion se tient à huis clos. Un enregistrement de l'échange m'a été confidentiellement transmis dans le but de m'aider à comprendre les relations entre les différents acteurs. En voici un extrait :

> – La première offre du groupement ne prenait pas en compte tout le PC [permis de construire] ?
> – Non, la dernière. Je recommence. Dans l'offre du PMG [prix maximum garanti, un type d'appel d'offres qui associe une entreprise de travaux à la maîtrise d'œuvre d'un projet], il n'y avait pas de cinquième façade. On nous a demandé de la chiffrer. On l'a chiffrée en plus.
> – Pfff.
> – La première offre du groupement ne prenait pas en compte tout le PC. La dernière offre proposait la cinquième façade en option. Ces documents-là ont été transmis à l'ensemble des architectes par nous ! Vous les avez depuis…

La porte de la salle s'ouvre. L'embout d'un marqueur tapote un tableau qu'on imagine mural. Parfois, un téléphone sonne.

– On avait dit à l'époque qu'il y avait un budget. Fallait tout faire rentrer dans le budget. C'est ce qu'on a transmis. C'est ce qui est écrit noir sur blanc. Quand on fait une offre, on fait un chiffrage de base. Après on… Après on fait des réunions pour ajuster le prix. On a rajouté la cinquième façade. Ce doc-là, tout le monde est au courant !
– T'as ton ordi là ? S'il y a des possibilités pour faire des économies sur les prestations, nous on est forcément pour. On perd 2 millions déjà sur la brique. Alors aujourd'hui, les économies, on les cherche. On est déjà à moins 2 millions sur le budget. C'est ce que nous dit notre direction.
– Les éléments qu'on demande à P. depuis un certain temps, ce serait bien qu'on les reçoive ! On nous transmet pas tout.
– Vous dites il faut impérativement respecter le PC, et en même temps, il y a des parties du PC qu'on peut supprimer. Alors c'est un peu… Il faudrait trouver encore plus d'économies sur quelque chose qui est déjà dérogatoire. Déjà que la presta a été revue à la baisse sur la passerelle.

La réunion continue. Les sujets se mélangent.

– Juste pour être sûre de comprendre : ce plan-là ne correspond pas au devis ?
– Si.
– Ça, ça correspond à 1,5 million.
– On a un écart de 200 000.

Brouhaha

Cette réunion a en tout duré plus de 4 heures. Selon la personne qui l'a enregistrée, il ne s'y est rien dit d'illégal ni de particulièrement scandaleux. Mais elle révèle le type de tensions internes qui sont apparues entre les multiples acteurs privés mandatés pour construire les infrastructures des JO. Elle permet aussi de saisir l'écart immense entre les bonnes intentions de la maîtrise d'ouvrage publique et la réalité des arbitrages quotidiens en bas de la chaîne de la construction des « Villages ».

CHAPITRE 6.
HÉRITAGE NÉGATIF

Octobre 2021. Pour une fois qu'un communiqué de presse donne une bonne nouvelle. Le message provient de la Solideo, la société qui coordonne la construction du quartier des athlètes pour les Jeux. Grâce à son fonds de dotation pour l'innovation, elle vient de passer des accords avec des entreprises pour équiper le « Village » olympique en technologies de dépollution de l'air. Cages pour capter les particules fines, murets traitants le long des berges de la Seine, appareils d'ionisation de l'air et d'électrofiltration branchés sur la ventilation mécanique dans le quartier Apogée de Vinci (voir le chapitre 5). L'enjeu est de « préfigurer » la ville européenne de 2030 « inclusive, résiliente et adaptée au changement climatique », selon l'aménageur. Une ville « à haute qualité de vie[228] ».

La société Teqoya, qui fabrique les purificateurs d'air, se réjouit dans un communiqué qu'« au-delà de fournir des ouvrages pour les Jeux de Paris », la Solideo s'est aussi « donnée comme priorité de protéger les athlètes de la pollution de l'air, d'autant plus que le Village des athlètes est construit en bordure d'une autoroute[229] ».

À quelques centaines de mètres de là, une école voit elle aussi son environnement direct transformé par des travaux olympiques : une double voie d'accès à l'autoroute a été construite à quelques mètres de son bâtiment[230]. Prévue depuis plusieurs années, elle a trouvé son financement grâce aux JO : pendant l'événement, elle servira à transporter plus rapidement les athlètes entre leur quartier de résidence et l'A86, celle-là même qui longe le « Village » des athlètes qu'il faut préserver de la pollution atmosphérique. Cette infrastructure routière conduit au Stade de France, au centre aquatique olympique puis à l'A1 et à l'aéroport Charles-de-Gaulle. Le groupe scolaire Anatole France, et les 600 élèves de sa maternelle ainsi que de son école élémentaire, étaient déjà entourés par les routes du quartier. Avec ce chantier, ils deviennent les malheureux riverains d'une bretelle d'accès à l'échangeur financé par Paris 2024. Innovation contre la pollution d'un côté, injustice environnementale de l'autre.

Le quartier Pleyel, à Saint-Denis, est particulièrement défavorisé avec un taux de pauvreté deux fois et demie[231] au-dessus de la moyenne nationale. L'Unicef, l'agence de l'ONU pour la défense des enfants, et le Réseau Action Climat (RAC), un collectif d'associations engagées contre les dérèglements climatiques, y voient un cas d'« injustice sociale relative à l'exposition de l'air[232] ».

Mais Nicolas Ferrand, le directeur général exécutif de la Solideo a expliqué à *L'Équipe*[233] que la construction de l'échangeur de l'A86 était indispensable au bon déroulé des Jeux. Dans le cas inverse, « on a un sujet compliqué à traiter avec Paris 2024 : comment on fait pour faire fonctionner le

Village olympique dans son lien avec l'A86, le Stade de France, le stade aquatique olympique, sans cet échangeur ? » Il distingue un enjeu « d'efficacité », pour que « l'athlète arrive à l'heure à sa compétition », et « un enjeu de sécurité pour les délégations très exposées, et donc il ne s'agit pas qu'on ait un convoi qui soit arrêté à un feu rouge ».

L'état de la science est pourtant sans appel concernant l'impact de la pollution atmosphérique sur la santé des enfants. « Il apparaît clairement qu'une exposition à la pollution de l'air ambiant augmente le risque d'asthme chez l'enfant et que l'inhalation de polluants aggrave l'asthme pendant l'enfance », expliquent des chercheurs[234] qui ont travaillé sur les bénéfices pour la santé de la création d'une zone à faibles émissions en Île-de-France.

Car les enfants respirent plus rapidement que les adultes, si bien que la quantité d'air qu'ils inhalent, et donc de polluants, par unité de poids corporel est plus grande. De plus, leurs poumons sont en développement, et « la pollution de l'air peut perturber ce processus biologique ». Résultat : la réduction de la pollution de l'air, même faible, est très efficace pour réduire les symptômes d'asthme chez les moins de 18 ans, une population particulièrement « sensible ».

Concrètement, 16 % des nouveaux cas d'asthme chez l'enfant seraient attribuables à la pollution du trafic routier dans l'agglomération parisienne[235]. La présence permanente de substances toxiques dans l'air est particulièrement délétère, et s'ajoute aux effets des pics de pollution. « Ces effets chroniques, conjugués aux effets à court terme de la pollution de l'air liés au non-respect de la valeur guide de l'Organisation mondiale pour la santé (OMS) pour les particules, sont responsables de 29 % des crises d'asthme et de 16 % des hospitalisations pour asthme » chez les moins de 18 ans ce qui représente environ 650 hospitalisations « évitables » chaque année, selon les chercheurs.

Dès 2011, une étude européenne estimait que le fait de résider à proximité d'un axe à grande circulation comptant plus de 10 000 véhicules par jour est responsable de 9 à 25 % des nouveaux cas d'asthme chez les enfants[236].

En Île-de-France, l'observatoire régional de santé repère des « niveaux de pollution atmosphérique généralement accrus » à moins de 150 mètres[237]. Or la double voie d'entrée vers l'A86 a été construite à une douzaine de mètres seulement du groupe scolaire Anatole France. C'est plus éloigné que la précédente route, qui était littéralement collée à l'école. La nouvelle voie se trouve quelques mètres plus loin mais beaucoup trop proche pour s'extraire de la zone d'exposition à la pollution, et a doublé de taille.

INJUSTICE ENVIRONNEMENTALE

Au mauvais endroit, au mauvais moment, l'école Pleyel ? Des parents et riverains ont alerté dès l'annonce des travaux : tracts, contre-projet, action symbolique avec le soutien d'Alternatiba-Paris. En réponse, un dispositif spécial de suivi de la qualité de l'air a été mis en place pendant plusieurs années dans et autour du groupe scolaire Anatole France – qui s'est retrouvé à proximité d'un grand nombre d'autres chantiers (gare du Grand Paris Express, franchissement urbain Pleyel, « Village » olympique…). Airparif, l'association qui mesure la pollution atmosphérique en Île-de-France, en a été chargée et a installé une station de mesure dans la cour de récréation du groupe scolaire. Des mesures de dioxyde d'azote, de particules PM10 et PM2,5, les principaux polluants liés au trafic routier, ont été prises en continu et publiées sur un site dédié[238].

Un protocole d'accord a été solennellement signé entre l'État, Plaine Commune, la Ville de Saint-Denis et la Solideo à ce sujet. Un purificateur d'air du « Village » olympique a été promis dans la cour de l'école. Un écran acoustique a été déployé entre l'école et le chantier de l'échangeur. Une bande végétale a été plantée et des bordures de chaussée dépolluantes devaient être expérimentées à proximité.

Mais la réalité est que les tableaux mis en ligne sont incompréhensibles pour les non initié·es : les niveaux atteints sont-ils dangereux ? Faut-il s'inquiéter ? Les analyses des ingénieur·es d'AirParif sont détaillées, mais leur raisonnement se base sur un référentiel artificiellement rassurant. Les mesures de pollution dans l'école sont comparées aux chiffres enregistrés par la station au bord de l'autoroute. Résultat : ils sont – heureusement, mais logiquement – inférieurs : en moyenne annuelle, les teneurs en dioxyde d'azote (NO_2) au sein des cours primaire et maternelle du groupe scolaire sont inférieures ou égales à 30 µg/m^3, entre avril 2022 et mai 2023. Ce gaz lié au trafic routier est irritant et aggrave les symptômes bronchitiques chez les enfants asthmatiques.

Sur le boulevard de la Libération, qui longe l'entrée de l'école, un point de mesure approche du seuil réglementaire annuel fixé à 40 µg/m^3. Quant aux particules fines, qui contribuent à augmenter le risque de maladies cardiovasculaires et respiratoires ainsi que de cancers pulmonaires, leur concentration atteint 20 µg/m^3 pour les PM10 et 11 µg/m^3 pour les PM2,5, entre juillet 2022 et avril 2023. C'est très inférieur à ce que mesure la station de l'A1 pour les premières et dans le bruit de fond de la petite couronne parisienne pour les secondes.

Mais tous ces chiffres dépassent les seuils de référence de l'Organisation mondiale de la santé, qui ont été revus en 2021 pour s'adapter à l'état de la science. Pour le dioxyde d'azote, l'OMS recommande de ne pas dépasser 10 µg/m3 en moyenne annuelle. Pour les PM10 : 15 µg/m3 et pour les PM2,5 : 5 µg/m3[239].

Les recommandations de l'OMS ne sont pas juridiquement contraignantes. Mais la publication de ces nouveaux seuils « devrait conduire les autorités à une révision des valeurs réglementaires », explique Sébastien Denys, directeur santé-environnement-travail à Santé Publique France (l'Agence nationale de santé publique), car « le dépassement de ces nouveaux seuils pour la qualité de l'air est associé à des risques importants pour la santé[240] ».

C'est d'ailleurs ce qu'a reconnu la directrice des études d'Airparif lors de la réunion publique de présentation de ces résultats : les seuils de l'OMS sont dépassés « mais c'est le cas malheureusement dans 75 % de la région ». À ce constat d'impuissance, répond l'incroyable aveu de renoncement à agir du maire de la ville, Mathieu Hanotin : « Si on devait les respecter, il n'y aurait plus d'école à Saint-Denis ni en petite couronne[241]. »

Si les JO étaient écolos, le quartier Pleyel serait leur nuage noir. Mais la technostructure a déployé un argumentaire qui est parvenu à convaincre le système judiciaire du bienfait environnemental de la création de l'échangeur routier, qui coûte environ 90 millions d'euros aux comptes publics. En octobre 2020, la cour administrative d'appel de paris a confirmé la déclaration d'intérêt général des travaux de l'échangeur de l'A86 en raison de ses

« avantages socio-économiques ». De quels avantages s'agit-il ?

Pour le comprendre, il faut lire l'annexe 2 de l'arrêté de déclaration d'intérêt général, publié par la préfecture de la région Île-de-France, en novembre 2019. « Le projet est profitable à la collectivité puisque son bénéfice net actualisé est largement positif. » Pourquoi ? D'abord, il « offre aux usagers des conditions optimales de circulation sur les autoroutes A86 et A1 et sur les axes locaux » et améliore la sécurité routière, expliquent les services de l'État. Ensuite, il « participe à la desserte du futur Village olympique », peut-on lire en toutes lettres dans la liste des objectifs portés par le maître d'ouvrage. Si bien que, pour la préfecture, « les inconvénients de ce projet n'apparaissent pas excessifs au regard de l'intérêt qu'il représente[242] ».

Tout n'est pas toxique dans ce projet : en même temps que l'échangeur s'ouvre sur l'A86, les bretelles d'accès à une autre autoroute, l'A1, au niveau de la porte de Paris, toute proche, doivent fermer et à terme être déconstruites. Pour quel devenir ? Impossible d'en savoir plus au moment d'écrire ce livre. À la suite de ma question sur ce qu'il est prévu de faire à la place (un parc, un parking, une aire de jeux, des pistes cyclables, des jardins maraîchers ?) la direction régionale des routes (DIRIF) « ne souhaite pas donner suite à [ma] demande[243] ». Toujours cette passion de l'administration pour la transparence.

Malgré son évaluation globalement positive des travaux à venir, la cour administrative d'appel reconnaît dans son jugement que certains sites sensibles « sont concernés par une aggravation de la qualité de l'air[244] ». De quels lieux s'agit-il ? Ils sont énumérés dans l'alinéa 29 de la décision : les écoles élémentaires Marcel-Sembat et Anatole-France, l'école maternelle Pleyel, le lycée Marcel-Cachin, la Maison du petit enfant Les Sonatines, le collège Dora-Maar, le stade Pablo-Neruda, ainsi que les abords du Stade de France.

Pourquoi, alors, cet aménagement routier est-il tout de même reconnu d'intérêt général ? La justice reprend à son compte le périmètre de l'étude d'impact, et étudie les effets de la pollution sur toute l'emprise du projet : c'est-à-dire en englobant la création de l'échangeur de l'A86 et le démantèlement de celui de l'A1. En regardant à la fois ce qui se passe sur le carrefour Pleyel et près de la porte de Paris. Ce zoom très large fait disparaître les points rouges d'aggravation de la concentration des polluants à proximité des écoles.

Ainsi, même si des écoles « sont concernées par une aggravation de la qualité de l'air, reconnaît la justice, la majorité des établissements sensibles bénéficieront d'une amélioration ». La majorité éclipse la minorité. Cette invisibilisation du problème de l'intoxication de l'air passe aussi par un subtil déplacement sémantique. Dans sa décision d'autorisation des travaux, le juge administratif attache plus d'importance à la « pollution atmosphérique » en général qu'à la concentration des polluants dans l'air sur des sites particuliers.

En fluidifiant le trafic, le projet pourrait permettre une baisse de 10 % de la circulation automobile dans le périmètre total, donc une réduction des émissions atmosphériques, espère l'État. Sur « l'ensemble de la zone concernée » – et cette précision géographique est déterminante –, une baisse est anticipée pour le benzène, le NO_2, les particules PM10 et PM2,5. Conclusion logique : « La situation serait ainsi globalement améliorée à l'échelle du périmètre d'étude du projet. » D'autant que la zone à faible émission

(ZFE) de la métropole du Grand Paris doit exclure de ce périmètre les voitures et camions les plus polluants – mais en novembre 2023, au moment de terminer ce livre, sa mise en œuvre avait été reportée.

Pourtant, plusieurs documents officiels, et tous publics, montrent le contraire de ce qu'affirme la cour administrative d'appel dès qu'on zoome sur le voisinage proche de l'autoroute. L'enquête publique sur le « Village » olympique, à l'été 2020, a publié un tableau prévoyant une hausse de tous les polluants atmosphériques (NOx, particules fines, composés organiques volatils, dioxyde de soufre, etc.) sur le futur site des athlètes si le projet d'échangeur était construit. Il ne se trouve qu'à quelques centaines de mètres du carrefour Pleyel.

De son côté, l'Autorité environnementale, qui dépend du ministère de l'Écologie, écrit que si l'aménagement A86-A1 « constitue une amélioration en ce qui concerne les émissions atmosphériques », le bilan « est cependant plus nuancé quant aux concentrations[245] ». Cette administration anticipe une dégradation de la situation pour tous les composants atmosphériques par rapport au scénario au fil de l'eau. La pollution augmenterait en NO_2 – alors que son niveau dépasse déjà aujourd'hui les recommandations de l'OMS –, ainsi que pour plusieurs substances toxiques : le baryum, le chrome et le mercure. Ainsi, « malgré une diminution globale des concentrations en dioxyde d'azote à l'horizon futur, certains sites sensibles (notamment l'école maternelle Pleyel et l'école élémentaire Anatole-France) connaîtront des dépassements de la valeur limite horaire pour le scénario avec projet. »

Concernant les particules PM10, spécifiquement dangereuses pour la santé puisqu'elles pénètrent dans les tissus humains et irritent notamment les voies respiratoires, « le scénario avec projet est majorant, avec une augmentation de 1 % », explique l'autorité environnementale.

En fondant son analyse des impacts de l'échangeur routier sur un périmètre très large et sans attention particulière pour le groupe scolaire Anatole France, la cour administrative d'appel a donc choisi un cadre d'analyse favorable à l'aménagement.

Mais surtout, tout semble avoir été fait à l'envers. Pourquoi ne pas avoir profité des JO, du choc d'investissement sur le « Village » olympique (voir le chapitre 5), de l'alliance puissante entre l'État et l'industrie de la construction, et de la visibilité mondiale de l'événement pour réorganiser la circulation automobile dans le quartier et éloigner les véhicules de l'école ? Plusieurs collectifs de riverain·es avaient travaillé sur un projet alternatif recouvrant l'A86 de parcs urbains et de maraîchage. C'est l'inverse qui s'est passé autour de l'école Pleyel : des voitures, du bruit et de l'air pollué. Un exemple d'héritage négatif et d'injustice environnementale. Et le souffle âcre de la violence olympique.

Le chercheur états-unien Rob Nixon parle de « violence lente » pour décrire les effets de la contamination du monde par les substances toxiques[246]. Les effets à long terme et non spectaculaires, parfois tout à fait invisibles à l'œil nu, de ce processus sont néanmoins réels, croissants, et difficilement réversibles. Ces caractéristiques font que ces phénomènes ne sont en général pas perçus comme violents, surtout quand ils se produisent dans des territoires pauvres et méprisés. Mais ils le sont, d'une manière indirecte ou insidieuse, plus difficiles à mettre en lumière. En suivant cette idée, la violence olympique pourrait être le nom désignant les méfaits des JO.

L'air du quartier Pleyel à Saint-Denis est un commun maltraité. Après les Jeux, il risque d'être encore plus mauvais qu'avant. Les appareils filtrant les particules toxique ne peuvent aider que les passants et résidents du quartier olympique – s'ils fonctionnent. Les ingénieurs d'Airparif sont circonspects à ce sujet quand on les interroge. Car pour eux, la seule manière efficace d'améliorer la situation est de réduire au maximum les sources de pollution. Et donc l'intensité et la proximité du trafic routier.

Les particules fines, ultrafines et les gaz dangereux pour la santé qui traîneront dans l'atmosphère seront le legs actif mais invisible des JO. Leur héritage négatif.

Personne ne peut ignorer l'arrachage du cerisier où l'on cueillait chaque année des fruits pour en déguster, ou le bétonage du parc où l'on jouait au cerf-volant avec ses enfants. Mais qui voit l'air se charger de polluants ? L'écologie urbaine n'est pas qu'une histoire d'espaces verts. C'est aussi un combat pour l'espace d'air. C'est un commun car que l'on soit jeune ou vieux, riche ou pauvre, enraciné ou de passage, dans un quartier l'air est le même pour tout le monde. Ses effets délétères sont décuplés dans les poumons et les artères de celles et ceux qui ne partent pas en vacances et subissent déjà la pollution intérieure de leur logement s'il est de mauvaise qualité.

L'air n'est pas la seule ressource vitale démolie par les chantiers olympiques. Entre La Courneuve, Dugny et Le Bourget, au nord du 93, le parc Georges-Valbon, constitue le plus grand espace végétalisé du département avec son vallon marécageux, ses massifs forestiers, ses lacs et ses collines herbées.

Il a été amputé de 7 hectares par la construction du « Village » des médias, 700 logements à destination des journalistes et des techniciens – et en théorie, si le marché le permet, 600 autres appartements sont prévus après les Jeux de 2024. En face, de l'autre côté de la route départementale, 252 appartements sont aussi en construction à l'aplomb de la nappe phréatique.

Avec ses allées bitumées, l'Aire des vents était déjà en partie artificialisée avant la construction du « Village » des médias. C'est là que s'est tenue la Fête de l'Humanité pendant des années. Mais il servait de corridor écologique à de nombreux animaux, et se trouve accolé à la zone Natura 2000 qui s'étend sur le reste du parc. Une cinquantaine d'espèces protégées sont recensées sur ce territoire. C'est ce qu'on appelle une « zone naturelle sensible ». Les promoteurs du futur quartier en ont même tiré leur principal argument publicitaire : une « ville en pleine nature » implantée « dans la continuité du troisième poumon vert de la région parisienne ».

Plus de 115 000 m² de foncier, appartenant jusque-là au département de la Seine-Saint-Denis, ont été déclassés du domaine public afin d'être cédés à la Solideo, l'établissement public chargé d'aménager les JO[247]. Celui-ci les a ensuite vendus aux groupements immobiliers sélectionnés pour construire le quartier : la filiale immobilière de la Société Générale, Sogeprom, associée au groupe Demathieu Bard, a signé une promesse de vente pour 62 000 m² de terrain[248]. Tandis qu'un ensemble Ametis-Ideom-Gaïa Promotion a remporté un lot d'un peu plus de 30 000 m².

Cette cession a créé la polémique, car elle a privatisé un rare et précieux commun écologique dans un territoire très pollué, entre l'aéroport du

Bourget et l'autoroute A1. C'était du « foncier public vert » proteste Valérie Lessertisseur, habitante qui s'est beaucoup mobilisée pour défendre le parc. « Pourquoi n'ont-ils pas construit le "Village" sur les hectares de bureaux et d'entrepôts logistiques » qui s'étendent à proximité, entre Aulnay-sous-Bois et Le Bourget ? « Il y a tellement de friches dans ce coin[249] ! » Son amie Dolorès Mijatovic, présidente des jardins ouvriers des Vertus à Aubervilliers, a la réponse : « ils veulent construire là où c'est beau. C'est le côté dépliant. Regardez dans quel écrin on vous propose d'investir[250]... »

La controverse vient aussi du prix de vente par le département à la Solideo, particulièrement bas : 100 euros par mètre carré pour les lots destinés à recevoir les projets immobiliers, et 25 euros pour les superficies affectées aux espaces publics[251]. Des montants à comparer au prix de vente médian des terrains nus potentiellement constructibles dans ce même département en 2019 : 523 euros par mètre carré, selon l'Observatoire régional du foncier (ORF). Au total, le conseil départemental a vendu la totalité des terrains pour 6,9 millions d'euros (hors taxe).

À l'époque, le président du 93, Stéphane Troussel, avait estimé que le prix de vente des futurs logements de la cité-jardin oscillerait entre 3700 et 4000 euros par mètre carré. Fin 2022, lors de la mise sur le marché, plusieurs lots dépassaient les 5000 euros/m². Avec ce nouveau quartier, la petite commune de Dugny devrait gagner d'un coup 45 % d'habitant·es, passant de 11000 à 16000 personnes. Une mutation express en ville-champignon du Grand Paris.

En compensation de cette artificialisation, les Jeux olympiques ont financé la dépollution d'un vaste site de 13 hectares gorgé d'hydrocarbures, le terrain des essences, qui appartenait à l'armée.

Ce qui s'est traduit par d'immenses panneaux promotionnels : « Grâce aux Jeux, le parc s'agrandit. » Les crapauds calamites, une espèce rare dans le département, qui y avaient trouvé refuge, souffrent de ces travaux. Ces petits batraciens avaient pris l'habitude de se reproduire dans les parties humides du terrain et d'hiberner dans les merlons, ces levées de terre provoquées par le passage des bulldozers[252]. Plusieurs opérations de déplacement d'espèces ont été organisées de nuit pour les installer dans des mares proches. Mais la sécheresse, le bruit des travaux et l'intensification de la présence humaine dans le parc restreignent leur espace vital. Les personnes les plus attentives à ces discrètes créatures sauvages craignent que leur disparition du parc ne soit inévitable. Tous les recours des opposant·es devant la justice administrative fondés sur le droit de l'environnement ont été perdus.

UN IMMENSE GÂCHIS

À Aubervilliers, la bataille pour la défense des jardins ouvriers des Vertus, a été la plus médiatisée et la plus visible de la période précédant les JO de 2024. Dans un quartier populaire et pollué qui ressemble au carrefour Pleyel de Saint-Denis, mais qui se trouve autour d'un ancien fort et du théâtre équestre Zingaro, un projet de solarium a détruit 4 000 mètres carrés de parcelles cultivées par une vingtaine de jardinier·ères.

Cet espace dédié au bronzage était partie intégrante d'un projet de piscine d'entraînement des JO, un bassin qui ne devait pas servir à la compétition, mais offrait des lignes supplémentaires aux athlètes avant la compétition officielle. En réalité, c'est une façon pour la puissance publique de distribuer un peu de la manne olympique, en finançant des équipements réclamés par les collectivités : réfection de gymnases, aménagement de pistes cyclables, et augmentation de l'offre de piscines.

Pendant plus de deux ans, un collectif s'est battu pour empêcher la destruction de ces potagers. J'ai fait partie de ces quelques dizaines de personnes. Recours juridiques contre le plan local d'urbanisme intercommunal (PLUI) et le permis de construire. Médiatisation maximale. Manifestations. Journées portes ouvertes régulières aux jardins et visites. Puis, face à l'obstination des autorités : une occupation démarre en fin de printemps 2021. Des personnes se relaient pour dormir sur place et construire un petit campement sur les parcelles menacées. En haut d'une tour de vigie, un drapeau rouge est hissé et la naissance d'une « JAD » est proclamée, des « jardins à défendre » en référence à la ZAD de Notre-Dame-des-Landes. Après trois mois de squat, la police expulse les occupant·es au petit matin du 3 septembre 2021. Jardins et cabanes sont détruits dans la foulée à coups de pelleteuses. À leur place, un gigantesque trou de plusieurs mètres de profondeur est creusé, au désespoir des jardinier·ères.

Quelques mois plus tard, quand le chantier de la piscine démarre, un petit groupe bloque symboliquement le chantier et se retrouve poursuivi pour s'être opposé à ces travaux « d'utilité publique ». Le 9 mars 2022, la justice arrête le chantier : la mairie, maître d'ouvrage des travaux, n'avait pas le droit de détruire les jardins. La Cour administrative d'appel de Paris enjoint la municipalité à reconstituer les parcelles détruites. Un an et demi plus tard, le sort des jardins disparus était encore incertain.

Quels enseignements peut-on en tirer de cette histoire à rebondissements ? D'abord, le sentiment d'un énorme gâchis. Ni la mairie, qui avait endossé le rôle de coordinatrice des travaux, ni l'aménageur public, Grand Paris Aménagement, ni la préfecture de région, n'ont écouté les habitant·es et leur contre-projet. Pourtant, depuis le départ, le collectif de défense des jardins avait tenté de démontrer qu'il n'était pas nécessaire de détruire la vingtaine de jardins pour construire la piscine, car son bassin de 50 mètres pouvait tenir sur les parkings les jouxtant. Et que le solarium, s'il était si important, aurait pu tenir sur le toit de l'édifice. Mais parmi les autorités, personne ne les a pris au sérieux.

Au contraire, tout le processus de décision publique a été entaché d'opacité, de rétention d'information et parfois de mensonge. Comme lorsque la mairie a assuré qu'il était techniquement impossible d'installer l'aire de bronzage au-dessus de la piscine ou a surestimé le coût d'une annulation du contrat avec son constructeur. Ni le montant du contrat ni le choix de l'attributaire de l'équipement n'avaient été votés en conseil municipal. Le marché de 33,6 millions d'euros avec le groupe de construction Spie Batignolles a été signé par la précédente maire de la ville, la communiste Meriem Derkaoui, le 24 juin 2020, quatre jours avant le deuxième tour des municipales. En vertu des pouvoirs conférés par l'ordonnance « Covid » du 1er avril 2020, elle avait validé seule la décision prise en commission d'appel d'offres, cinq mois plus tôt. Le projet de piscine, sous la forme juridique d'un marché public global de performance, avait été, lui, voté deux ans plus tôt par les conseillers municipaux, en juillet 2018.

Est-ce la faute des Jeux olympiques ? Pas complètement, et c'est l'autre leçon de ce conflit. C'est bien à l'occasion des JO que la piscine et le solarium du Fort d'Aubervilliers avaient été lancés.

La Solideo la finance pour un tiers. L'échéance incontournable de l'été 2024 a empêché de prendre le temps de la discussion.

Mais ce sont les élus locaux et l'État, via la préfecture, qui ont voulu coûte que coûte maintenir le projet dans son format détruisant des jardins. Le COJO faisait savoir de son côté qu'il n'avait pas besoin de la piscine d'Aubervilliers pour les Jeux et que plusieurs bassins de remplacement avaient été identifiés. La labellisation par les JO n'était qu'une façon d'en débloquer les financements, de l'avis de plusieurs acteurs institutionnels.

De plus, dans le cahier des charges de Paris 2024, les critères exigés ne portent que sur la longueur et la profondeur des bassins. Ils n'ont jamais requis la construction d'un solarium. La dimension monumentale de l'équipement ne tenait qu'à son modèle économique, permettant à terme de vendre des tickets d'entrée plus chers. C'est tout le paradoxe de ces formes mi-publiques mi-privées d'aménagement : portées par la puissance publique, elles franchissent toutes les étapes institutionnelles. Mais pour survivre, elles reposent sur le marketing et des politiques tarifaires détachées de l'intérêt général. Une recette gagnant-gagnant pour la bétonisation.

« ILS PRENNENT LES BELLES CHOSES DES PAUVRES POUR LES DONNER AUX RICHES »

D'autres communs écologiques ont été détruits en lien avec les JO. Leur valeur a été jugée secondaire au regard des aménagements prévus. À Taverny, dans le Val-d'Oise, plusieurs hectares d'ancienne friche agricole reconquise par la végétation naturelle ont été ouverts à l'artificialisation pour la construction d'une piscine d'entraînement (encore une)[253]. Sur la colline d'Élancourt, dans les Yvelines, 1,5 hectare de bois a été défriché pour que puissent s'y dérouler les épreuves de VTT et que 15 000 personnes y assistent[254]. Sur les berges du lac de Vaires-Torcy, en Seine-et-Marne, des roselières ont été rasées pour y installer les caméras qui filmeront les épreuves d'aviron et de canoë-kayak. Or elles abritaient des espèces rares en Île-de-France et nourrissaient des reptiles protégés[255]. À chaque fois, les destructions d'espaces naturels sont censées être compensées. Mais les écosystèmes vivants sont très complexes à reproduire et rien ne garantit jamais que l'on y parvienne.

Parc Georges-Valbon ou jardins ouvriers des Vertus : chaque fois, des habitant·es de quartiers populaires se sont mobilisé·es pour défendre leurs communs. En 2015 le collectif Notre parc n'est pas à vendre avait réussi à bloquer un projet de quartier qui devait être construit sur le parc, un « Central park » à la française, qu'avait conçu l'architecte Roland Castro. En 2017, une première version du « Village » des médias empiétait beaucoup plus sur le parc de La Courneuve. Pour Valérie Lessertisseur, ce que les JO ont fait, « c'est l'antithèse de ce que voulaient les créateurs du parc Georges-Valbon : un service public, gratuit, du beau, du luxe communal ». « Ils détruisent ce qu'on avait de beau », s'indigne Dolorès Mijatovic. Et elle ajoute : « Ils prennent les belles choses des pauvres pour les donner aux riches. »

À Saint-Denis, un comité de vigilance JO 2024 a vu le jour dès septembre 2017, quelques jours à peine après la désignation officielle de Paris pour les Jeux de 2024. « On s'est créé avant la Solideo[256] » s'amuse Cécile Gintrac, enseignante et spécialiste de géographie urbaine. « On ne s'est jamais positionné contre l'événement lui-même, on a travaillé sur l'héritage. Et on a tout de suite fait un contre-projet. » Le collectif propose d'éloigner les accès à l'A86 de l'école Pleyel et de créer un parc devant le groupe scolaire, d'enfouir les bretelles de l'A1, de créer des coulées vertes, de dépolluer des terrains, de maintenir sur le « Village » des athlètes le foyer ADEF de travailleurs migrants (voir le chapitre 1).

Ses membres obtiennent des rendez-vous avec la Solideo et même le CIO. Mais à part une écoute plus ou moins polie, rien n'en sort et les aménagements olympiques ne sont pas modifiés. À la suite d'un changement de majorité municipale, la mairie de Saint-Denis dédensifie sa partie du « Village » des athlètes en réduisant les immeubles d'un ou deux niveaux et en supprimant cinq immeubles prévus en lisière du parc Ampère dans le « Village » des athlètes[257]. Des améliorations du point de vue environnemental qui ne suffisent pas à compenser les défauts structurels de l'aménagement.

« Ce sont les délais qui ont fait le projet » regrette Cécile Gintrac. « Permuter l'ordre avec Los Angeles aurait laissé le temps de remettre des sujets sur la table. Mais avec une date si proche, s'ils avaient pris en compte notre contre-projet, ils auraient explosé les délais. Ça a été une malédiction d'avoir Paris 2024 et pas Paris 2028 ».

Sous la contrainte de la deadline, les JO ont verrouillé ces quartiers dans un modèle inégalitaire, vertical, où le vivant n'est qu'un faire-valoir d'investissements immobiliers. Les habitant·es ont ainsi été dépossédé·es de la possibilité d'une autre ville, organisée autour de communs populaires et écologiques. La dépossession d'un autre futur urbain.

POST-SCRIPTUM 6 : MONOLOGUE DE LA 5G

Plus discrète que la cérémonie d'ouverture,

Moins monumental que le centre aquatique olympique de Saint-Denis,

Plus anonyme que l'Adidas Arena,

Moins spectaculaire que les taxis volants,

Et pourtant, je suis un joyau de l'innovation technologique des Jeux olympiques de 2024.

Qui suis-je ? La 5G, la dernière génération de téléphonie mobile. Je suis capable de transporter d'énormes quantités de données, très vite et avec un délai de transmission si minuscule qu'il est quasi imperceptible. Je suis de la team zéro latence.

Grâce à moi, des caméras sans fil à très haute définition pourront filmer les épreuves comme vous ne les avez jamais vues sur des écrans géants ni sur les mini-interfaces de vos montres connectées. Vous pourrez choisir les plans que vous voulez voir en direct sur votre téléphone. Ce sera la fête.

C'est en tout cas ce que promet mon maître, Orange, qui a remporté la compétition entre opérateurs de téléphonie et sera le seul en charge de la « connectivité » et de « l'équipement technologique ». Sa cheffe, Chrystel Heydemann, pense que ce sera « l'Everest des télécoms[258] ». Le pic sera atteint le soir de la cérémonie d'ouverture quand 600 000 personnes se rassembleront au même endroit pour filmer et photographier l'événement.

La bonne nouvelle, c'est qu'après les olympiades, je serai toujours là. Mes petites antennes resteront installées dans le Village olympique. Ni vu ni connu. La majorité des équipements déployés pendant les JO restera en place.

Je suis tellement forte que je consomme beaucoup moins d'énergie que la vieille 4G pour transporter beaucoup plus de data. La pauvre, elle est *out*. Par contre, c'est sûr que plus je me répands, plus les gens vont m'utiliser pour tout et n'importe quoi[259] : regarder des séries en accéléré dans le Grand Paris Express, jouer en réseau avec son ancienne stagiaire à bord du CDG-Express, se filmer en 4D pendant sa séance de Pilates depuis la terrasse de son penthouse olympique. Et forcément, cette augmentation des usages va en faire tourner des *data centers*, des champs d'éoliennes *off-shore* et des réacteurs nucléaires.

Mais qui s'en inquiète ? Ça ne se verra pas dans le bilan carbone de Paris 2024.

Amitiés électrones !

Au moment de conclure, une scène me revient en mémoire. Je suis dans une salle de réunion du comité d'organisation des JO, à Saint-Denis, et j'écoute parler sa directrice de l'excellence environnementale. Elle me détaille la politique écologique de Paris 2024. Diviser par deux l'empreinte carbone par rapport à la moyenne des éditions précédentes et n'émettre que 1,58 million de tonnes de CO_2. Je sursaute : 1,58 million de tonnes de CO_2 ? C'est peut-être moins qu'à Londres, Rio ou Sotchi, mais c'est quand même beaucoup plus que la quantité que les pays riches doivent viser d'ici 2050 : zéro.

Et cela ne compte pas tous les gaz à effet de serre des avions, voitures et bus que prendront les touristes vers Paris à l'occasion des Jeux : 15,9 millions de visiteurs sont attendus dont 10 %, soit 1,5 million de personnes, pourraient venir de l'étranger[260]. N'est-ce pas en contradiction flagrante avec le Plan climat de la capitale française, qui se fixe d'ici 2030 l'objectif de réduire de 50 % ses émissions de gaz à effet de serre – environ 26 millions de tonnes en 2014[261] ?

Je l'écoute m'énumérer toutes ses actions innovantes pour rendre les JO compatibles avec les accords de Paris pour le climat : le bois de construction du « Village » des athlètes, les repas végétariens, les panneaux photovoltaïques au-dessus de la mégapiscine de Saint-Denis, le raccord du Stade de France au réseau électrique, les transports en commun pour déplacer les spectateurs. Sans oublier les actions de compensation, comme la plantation d'arbres ou la préservation d'espaces naturels.

Mais sa voix faiblit et je vois, de plus en plus grosses, de plus en plus sombres, ces millions de tonnes de molécules de CO_2 remplir la pièce. Elles resteront des siècles dans l'atmosphère, car ce gaz, c'est notre drame, est particulièrement persistant. En deux fois quinze jours d'événement, les olympiades rejetteront plus de carbone dans l'air que tout le CO_2 émis en un an par tous les petits États insulaires du Pacifique. Presque autant que tous les rejets annuels des Maldives[262] et de leur plus de 500 000 habitant·es. Ces pays sont les plus directement menacés de disparition par submersion en raison de l'élévation des températures terrestres.

Bien sûr la densité de population de cette région du monde est très faible, et cette comparaison est avant tout un jeu arithmétique. Mais ce calcul absurde correspond à une réalité physique. Les Jeux olympiques aggravent de fait le réchauffement planétaire. C'est inéluctable. Un béton a beau être bas-carbone, un logement peut être dépourvu de climatisation, une liste de sponsors s'alléger de la présence d'un géant des énergies fossiles, tout cela rogne notre espérance de vie climatique.

C'est vrai pour le fonctionnement des économies contemporaines en général. Mais le cas olympique est singulier par son gigantisme. Tout y est énorme. L'argent dépensé, le nombre de participant·es, la taille des piscines et des routes, la visibilité, l'excitation. Plus vite, plus haut, plus fort, dit la devise olympique. Par leur démesure, les olympiades ne sont pas à l'échelle du monde de l'écocide. Ils ne tiennent pas dans une planète qui ne doit pas dépasser les lignes rouges des limites du globe : la pollution, la biosphère, les sols, l'eau, les flux biochimiques, l'acidification des océans, les aérosols, la couche d'ozone et le climat. La question des échelles de vie, de temps et d'action est plus que jamais aussi invisible qu'essentielle.

Et pourtant, la directrice de l'excellence environnementale des Jeux veut continuer d'y croire. Elle plante son regard dans mes yeux : « On a besoin de vous ! » Elle aimerait que je m'y mette aussi. Mais comment y parvenir quand tout dans l'événement JO est une antithèse de la sobriété ? Sur le moment, je n'ai pas la présence d'esprit de lui proposer ma démonstration sur la dimension extractiviste de son mega-événement. Je profite de ce livre pour terminer à distance cette conversation avec elle.

Écart entre le total de ce qui est dépensé et le bénéfice direct qu'en retirent les habitant·es, brutalisme lié à l'énorme quantité d'argent dépensé d'un coup dans un endroit qui en manquait cruellement, à un rythme effréné et dans une visée de rupture transformatrice. Mais aussi logique non démocratique accentuée par les délais très contraignants et non négociables de l'événement, et extraction d'une rente foncière potentiellement considérable, exacerbée par le marketing globalisé et une puissance de feu médiatique sans équivalent, que l'État accompagne et encourage. C'est ce que j'ai essayé de montrer dans cet ouvrage.

Au suivant ? Car la mégamachine continue de tourner. Los Angeles se prépare pour 2028. La Suède, la Suisse et les Alpes françaises peaufinent leur candidature pour 2030. De nouveau, des maires, des urbanistes, des ingénieurs, des sponsors et des chef·fes d'État vont s'activer pour ramener la flamme à la maison, et faire advenir, pour leur propre gloire, un événement dépassé.

Nous ne sommes plus en 1896, l'année des premiers Jeux olympiques modernes. Ni même en 1924, première édition des olympiades à Paris. Nous sommes en 2024. La guerre fait rage en Europe, au Moyen-Orient et dans la corne de l'Afrique. Des milliers de personnes meurent chaque année aux frontières de l'Europe, des États-Unis et de tous les pays qui s'enferment derrière des murs. L'extrême droite et le racisme montent partout. Les forêts brûlent, les inondations dévastent, et il n'a jamais fait aussi chaud depuis que l'on mesure les températures.

Face à ces catastrophes, il doit être si rassurant de vouloir organiser des JO. De penser que c'est la bonne chose à faire en ces jours de tempête. C'est une autre dimension de l'olympisme. Sa part de conte de fées, d'histoire pour grands enfants et sa trompeuse illusion. L'idée que ça va aller, et que le monde peut continuer comme avant.

Mickaël Correia, Renaud Epstein, Ivan Fouquet, Cécile Gintrac, Antoine Guironnet, Alice Le Roy, Jacqueline Lorthiois et Stéphane Tonnelat pour leur relecture et leurs remarques si précieuses.

M. pour la patience, la magie et l'infinie tendresse

L'ovulaire pour la force et l'amour

La JAD pour une si belle lutte

Johan Badour et les éditions Divergences pour leur confiance

Mediapart pour la compréhension à propos du temps nécessaire à ce livre

Toutes les personnes qui ont bien voulu répondre à mes questions, me rencontrer, partager leurs idées et visions de la ville et des JO

Toutes les erreurs dans ce texte me sont imputables. Merci de me les signaler pour qu'elles soient corrigées.

NOTES

1 Éditorial, *Le Monde*, 12 mai 2017.

2 Forgée par la Quadrature du net, cette expression désigne les dispositifs vidéo auxquels sont associés des traitements algorithmiques par des logiciels permettant une analyse en temps réel des images captées par la caméra. Ils ont été autorisés par la loi olympique votée en 2023.

3 Cécile Hautefeuille, « Chantiers des JO : Amara Dioumassy est mort dans l'indifférence générale », Mediapart, 6 juillet 2023.

4 « Dossier de candidature : Paris ville candidate Jeux Olympiques 2024 », consultable sur le site du CIO, 2016.

5 Chiffres de décembre 2022, selon le rapport de la Cour des comptes au Parlement, janvier 2023.

6 Article 433-11 du code pénal.

7 Stéphane Mazars et Stéphane Peu, *Rapport de la mission d'information sur les retombées des JOP 2024 sur le tissu économique et associatif local*, Commission des affaires culturelles et de l'éducation de l'Assemblée nationale, 5 juillet 2023.

8 Protocole de préfiguration du NPRU de Plaine Commune (2016-2018).

9 Convention pluriannuelle de renouvellement urbain du Quartier Sud de l'Île-Saint-denis, adoptée en Conseil municipal le 19 octobre 2022, annexe A.

10 Protocole de préfiguration du NPRU de Plaine Commune (2016-2018).

11 Entretiens avec l'autrice, les 2 juin et 2 juillet 2023.

12 Échange avec l'autrice.

13 Conseil municipal de l'Île-Saint-Denis, 19 octobre 2022.

14 Estimation basée sur le calcul suivant : 292 ménages (chiffre cité au conseil municipal du 29 mars 2023), que l'on multiplie par 2,5, correspondant à une taille de famille moyenne. Le rapport de la MOUS compte 277 ménages occupant, sans détailler le nombre d'individus par famille, or certains logements sont suroccupés et font l'objet de décohabitation.

15 Système d'information géographique de la politique de la ville (SIG).

16 Entretien avec l'autrice.

17 Entretien avec l'autrice, 3 février 2023.

18 Chiffre cité par un rapport de fin d'étude consacré au foyer ADEF de Saint Ouen : Célia Escribano, École nationale d'architecture de Paris-Villette, *Défendre le commun au sein des résidences sociales : le cas du foyer de travailleurs migrants de Saint-Ouen*, 2020.

19 Les Belvédères, secteur E, Village des athlètes et para-athlètes à Saint-Ouen-sur-Seine, dossier de presse, novembre 2022.

20 Louise Oligny et Jade Lindgaard, « Expulsés des JO : "Pourquoi on ne peut pas rester" », Mediapart, 26 novembre 2019.

21 « Bienvenue aux premiers habitants du Village des athlètes ! » Communiqué de presse de la Solideo, mars 2023.

22 Centre on Housing Rights and Evictions (COHRE), *Fair Play for Housing Rights: Mega-Events, Olympic Games and Housing Rights*, 2007.

23 Kae Tempest, *Qu'on leur donne le chaos* [2016], trad. de Louise Bartlett et D' de Kabal, L'Arche, 2022.

24 Bruce Douglas, « Brazil Officials Evict Families from Homes Ahead of 2016 Olympic Games », *The Guardian*, 28 octobre 2015.

25 COHRE, *Fair Play for Housing Rights, op. cit.*

26 Paris 2024, « Candidature file phase 3 », 2016.

27 C'est ce que documente la « Carte des saccages des JOP 2024 » éditée en septembre 2023 par le collectif militant Saccage 2024.

28 Lettre ouverte « Le revers de la médaille », Ligue des droits de l'homme, 30 octobre 2023.

29 Matthew Desmond, *Avis d'expulsion. Enquête sur l'exploitation de la pauvreté urbaine*, trad. de Paulin Dardel. Lux, 2019.

30 Névil Gagnepain, « Près du futur Village olympique : une "mise à l'abri" qui finit à la rue », Bondy Blog, 26 juillet 2023.

31 Michael Hoare, « Des foyers aux résidences sociales : un racisme d'Etat », *Plein droit*, n° 122, octobre 2019.

32 COHRE, *Fair Play for Housing Rights, op. cit.*

33 « Projet de démolition du foyer ADEF et construction de deux résidences sociales », Communiqué de presse de la Solideo, 25 juillet 2019.

34 Névil Gagnepain, « Plus de 400 personnes expulsées du plus gros squat d'Île-de-France », *Bondy Blog*, 26 avril 2023.

35 Jade Lindgaard, « À L'Île-Saint-Denis : "Ils ne veulent pas voir nos visages pendant les JO" », Mediapart, 26 juillet 2023.

36 Convention pluriannuelle du projet de renouvellement urbain de L'Île-Saint-Denis, p. 16.

37 Procès-verbal du conseil municipal du 10 juin 2020.

38 Conseil municipal du 19 octobre 2022.

39 Les opérations de rénovation urbaine qui durent plusieurs années entre l'annonce de démolition et les relogements produisent aussi des effets négatifs : dégradation du quartier et sentiment d'abandon des habitant·es.

40 Entretien avec l'autrice.

41 « #PasDeRetraitPasDeJo : Oudéa-Castéra réagit aux menaces des opposants à la réforme des retraites sur les Jeux de Paris 2024 », Yahoo Sports, 17 avril 2023.

42 Los Angeles 2028, Paris 2024 et le CIO, Accord tripartite, 9 août 2017.

43 « Los Angeles Makes Deal to Host the 2028 Summer Olympics », *New York Times*, 31 juillet 2017.

44 « 2015 Hamburg/Kiel Referendum for 2024 Summer Olympics Candidacy », Participedia.

45 « JO-2024: le comité olympique italien enterre définitivement la candidature de Rome », AFP, 11 octobre 2016.

46 « JO 2024 : Budapest retire officiellement sa candidature », *La Libre Belgique*, 1er mars 2017.

47 « Munich 2022 Games Bid Ruled Out by Referendum Loss », Reuters, 10 novembre 2013.

48 « St Moritz and Davos Winter Games Bid Rejected by Public », Reuters, 14 janvier 2014.

49 « Krakow Citizens Reject 2022 Winter Olympic Bid », Reuters, 26 mai 2014.

50 « How Bostonians Defeated the Olympics », Bloomberg, 5 juin 2017.

51 Paris 2024, Candidature file phase 1, 2016.

52 « JO-2024 : Hidalgo "pas vraiment" favorable à une candidature de Paris », AFP, 5 mars 2014.

53 Le 6 novembre 2014.

54 « JO 2024 à Paris : Hollande pousse, Hidalgo freine », *Les Échos*, 7 novembre 2014.

55 Le 7 novembre 2014.

56 « JO 2024 à Paris : ce que dit le fameux rapport », *Le Parisien*, 11 février 2015.

57 Comité français du sport international, synthèse d'étude d'opportunité, 2015.

58 Bent Flyvberg, Allison Stewart, Alexander Budzier, *The Oxford Olympics Study 2016: Cost and Cost Overrun at the Games*, Said business school, WP 2016-2020.

59 L'organisation des Jeux olympiques et paralympiques de Paris 2024, Cour des comptes, 20 juillet 2023.

60 « Contre le terrorisme, la plus grande manifestation jamais recensée en France », *Le Monde*, 11 janvier 2015.

61 Conseil municipal et départemental, séance exceptionnelle, 15 septembre 2017.

62 Comité français du sport international, synthèse d'étude d'opportunité, 2015, p. 5.

63 Conversation avec l'autrice, 18 juillet 2023.

64 Kevin Bernardi, « JO 2024 : Tony Estanguet félicite Anne Hidalgo pour son élection à la présidence du C40 », Sport et société, 8 août 2016.

65 « Le CIO et le C40 s'associent en faveur de la transition climatique », communiqué de presse, 26 juin 2018.

66 Comité français du sport international, synthèse d'étude d'opportunité, 2015.

67 « Macron Bids to Make France First and U.S. Second in Battle for 2024 Olympics », *The Washington Post*, 11 juillet 2017.
68 12 mai 2017.
69 « Dans l'ombre des JO, l'"indispensable" préfet Cadot et "son sens de l'État" », AFP, 28 mais 2023.
70 « JO 2024 : "Cette victoire, c'est la France", lance Emmanuel Macron », *20 minutes* et AFP, 13 septembre 2017.
71 ANR, Appel à manifestations d'intérêt : Sport de très haute performance, septembre 2019.
72 Présentation du site Sciences 2024.
73 Communiqué de presse, 19 juillet 2023.
74 « JO de Paris 2024 : "Nous serons prêts" à temps, estiment Pécresse et Castex », *20 minutes* et *AFP*, 13 juin 2023.
75 Site internet de Paris 2024.
76 « Spie Batignolles lauréat pour la construction, réalisation et maintenance du nouveau centre aquatique d'Aubervilliers », communiqué de presse, 1er septembre 2020.
77 « Paris 2024 : la justice suspend le permis de construire d'une piscine qui prévoyait de raser les jardins d'Aubervilliers », AFP, 20 septembre 2021.
78 « JO 2024 : la justice relaxe huit défenseurs des jardins ouvriers d'Aubervilliers », AFP, 16 septembre 2022.
79 Dans un livre à paraître.
80 Xavier Noël, *Paschal Grousset, De la Commune de Paris à la Chambre des députés, de Jules Vernes à l'Olympisme*, Les impressions nouvelles, 2010.
81 *Ibid.*, p. 314.
82 Phrase attribuée à « Deep Throat », la source de Carl Berstein et Bob Woodward, dans *Les Hommes du président*, le film d'Alan Pakula sur le scandale du Watergate (1976).
83 Esbjörn Segelod, *Project Cost Overrun: Causes, Consequences, and Investment Decisions*, Cambridge university press, 2017.
84 Pierre Breteau, « Les dérapages de l'EPR de Flamanville en graphiques : le coût multiplié par 5, la durée du chantier par 4 », *Le Monde*, 20 décembre 2022.
85 Bent Flyvbjerg, Allison Stewart et Alexander Budzier, « The Oxford Olympics Study 2016: Cost and Cost Overrun at the Games », Said Business School WP 2016-20.
86 Esbjörn Segelod, *Project Cost Overrun, op. cit.*, p. 303.
87 Sabu Kohso, « Appareils olympiens », texte paru dans le hors-série « JO 2024. Carnets de luttes », coordonné par Marianna Kontos, *Après la révolution*, 2022.
88 Arkadi Filine, *Oublier Fukushima*, Éditions du bout de la ville, 2021.
89 Lors d'une rencontre organisée par le Journal du Grand Paris, le 25 mai 2022.

90 Cour des comptes, *L'organisation des Jeux olympiques et paralympiques de 2024*, rapport au Parlement, janvier 2023.

91 Bent Flyvbjerg et Allison Stewart, « Olympic Proportions: Cost and Cost Overrun at the Olympics 1960-2012 », Saïd Business School Working Papers, University of Oxford, 2013.

92 Bent Flyvbjerg, Alexander Budzier et Daniel Lunn, « Regression to the Tail: Why the Olympics Blow Up », *Environment and Planning A: Economy and Space*, 2020.

93 Bent Flyvbjerg, Allison Stewart et Alexander Budzier « The Oxford Olympics Study 2016 », art. cit.

94 « Les Jeux olympiques coûte que coûte », *Le Devoir*, 16 juillet 2016.

95 Robert K. Barney, Stephen R. Wrenn et Scott G. Martyn, *Selling the Five Rings: the International Olympic Committee and the Rise of Olympic Commercialism*, University of Utah Press, 2002.

96 Bent Flyvbjerg et Allison Stewart, « Olympic Proportions », art. cit.

97 Alain Piffaretti, « RER E : les Yvelines remettent 38 millions d'euros sur la table », *Les Échos,* 12 mai 2023.

98 Rapport général du projet de loi de finances pour 2023 : Écologie, développement et mobilité durables, déposé le 17 novembre 2022

99 Holger Preuss, « Calculating the regional impact of Olympic Games », *European Sport Management Quarterly,* 2004.

100 Échange de mails avec l'autrice, 27 juillet 2023.

101 Bent Flyvbjerg, Allison Stewart et Alexander Budzier « The Oxford Olympics Study 2016 », art. cit.

102 *Ibid.*

103 Bent Flyvbjerg, Allison Stewart et Alexander Budzier « The Oxford Olympics Study 2016 », art. cit.

104 https://olympics.com/fr/olympic-games/tokyo-2020/logo-design

105 Cour des comptes, *L'Organisation des jeux olympiques et paralympiques de Paris 2024*, rapport au Parlement, janvier 2023, p. 19.

106 *Ibid.*, p. 20.

107 Cour des comptes, *L'organisation des jeux olympiques et paralympiques de Paris 2024*, rapport complémentaire au Parlement, juillet 2023, p. 87.

108 *Ibid.*, p. 85.

109 *Ibid.*, p. 49.

110 *Ibid.*, p. 12.

111 Communiqué de presse du ministère de l'Économie, « Entreprises en difficulté : lancement du fonds de transition de 3 milliards d'euros », 27 septembre 2021.

112 Cour des comptes, *L'organisation des jeux olympiques et paralympiques de Paris 2024*, rapport complémentaire au Parlement, juillet 2023, p. 12.
113 Cour des comptes, janvier 2023, *op. cit.*, p. 13.
114 *Ibid.*, p. 12.
115 *Ibid.*, p. 92.
116 *Ibid.*, p. 81.
117 « Hôpital : le gouvernement promet une rallonge budgétaire de 600 millions d'euros », *Les Échos*, 6 février 2023.
118 Cour des comptes, juillet 2023, *op. cit.*, p. 95.
119 *Ibid.*, p. 77.
120 *Ibid.*
121 Cour des comptes, juillet 2023, *op. cit.*, p. 78.
122 Rapport annuel du CIO 2022, p. 152.
123 Travis Nelson et Patrick Cottrell, « Sport Without Referees? The power of the International Olympic Committee and the Social Politics Of Accountability », *European Journal of International Relations*, 2015.
124 Alfred E. Senn, *Power, Politics, and the Olympic Games*, Human Kinetics, 1999.
125 Jules Boykoff, Celebration Capitalism and the Olympic Games, Routledge, 2013.
126 Robert K. Barney, Stephen R. Wrenn et Scott G. Martyn, *Selling the Five Rings, op. cit.*
127 Simon Rines, « Global Marketing and No-Name Sponsorship, Entretien avec Michael Payne, ancien directeur marketing et diffusion du CIO », *International Journal of Sports Marketing and Sponsorship*, janvier 2007.
128 *Ibid.*
129 Bent Flyvbjerg, Allison Stewart et Alexander Budzier « The Oxford Olympics Study 2016 », art. cit.
130 Cour des comptes, janvier 2023, *op. cit.*, p. 88.
131 Stéphane Mazars et Stéphane Peu, rapport de la mission d'information sur les retombées des JOP 2024 sur le tissu économique et associatif local, Commission des affaires culturelles et de l'éducation de l'Assemblée nationale, 5 juillet 2023.
132 Travis Nelson et Patrick Cottrell, « Sport Without Referees? », art. cit.
133 District 2024, « Au-delà du Village des athlètes », Biennale d'architecture et de paysage d'Île-de-France, 14 mai-13 juillet 2022.
134 Rapport de la commission, *Enquête publique unique ZAC Village olympique et paralympique*, 27 février 2019.
135 Jade Lindgaard, « Expulsés des Jeux olympiques : "Pourquoi on ne peut pas rester ?" », Mediapart, 26 novembre 2019.
136 Jade Lindgaard, « En Seine-Saint-Denis, les JO partent à la conquête de l'Est », Mediapart, 22 avril 2019.

137 *Ibid.*

138 Jade Lindgaard et Antton Rouget, « JO 2024 : des accusations de propos racistes et misogynes créent une crise interne », Mediapart, 18 avril 2021.

139 Site internet de Paris 2024.

140 Hajera Mohammad, « Le comité d'organisation de Paris 2024 s'installe à Saint-Denis », France Bleu Paris, 20 janvier 2021.

141 Léon Bonneff, *Aubervilliers*, L'arbre vengeur, 2018.

142 Rencontres du Journal du Grand Paris, 25 mai 2022.

143 Cour des comptes, janvier 2023, *op. cit.*, p. 21,

144 Décision du 31 août 2021 fixant la rémunération du directeur général exécutif de l'établissement public Société de livraison des ouvrages olympiques (Solideo), BO administration centrale.

145 Échange par mail avec l'autrice, 13 septembre 2023.

146 Laurent Mauduit, « Les hauts fonctionnaires profitent d'une hausse vertigineuse de leur rémunération », Mediapart, 23 juin 2023.

147 *Ibid.*

148 *Ibid.*

149 Jade Lindgaard, « Expulsés des Jeux olympiques : "Pourquoi on ne peut pas rester ?" », art. cit.

150 Ugo Schiavi, Euphoria, dossier de presse de la Solideo, 19 juillet 2023.

151 Antton Rouget, « Paris 2024 : la police perquisitionne le siège du comité d'organisation », *Mediapart*, 20 juin 2023.

152 Charte olympique, version du 4 juillet 2003.

153 CIO, *Legacy strategic approach. Moving forward*, décembre 2017.

154 *Ibid.*

155 Plan Héritage et durabilité de Paris 2024, p. 29, 2021.

156 *Ibid.*

157 *Ibid.*, p. 40.

158 Cour des comptes, janvier 2023, *op. cit.*

159 « Budget 2023 : les principaux investissements au service des Parisiens », communiqué de la ville de Paris, 13 mars 2023.

160 Conseil de Paris, 8 juillet 2022.

161 Isabelle Regnier, « À la porte de La Chapelle, une gentrification olympique », *Le Monde*, 5 septembre 2020.

162 Cour des comptes, janvier 2023, *op. cit.*.

163 Exercice budgétaire 2023 de la ville de Saint-Denis.

164 Dossier de candidature, Paris ville candidate aux Jeux olympiques de 2024, 2016.

165 Cour des comptes, janvier 2023, *op. cit.*, p. 45.

166 Loana Berbedj, « Paris 2024 : Saint-Denis veut apprendre à ses jeunes à nager », *Les Échos*, 19 juillet 2021.

167 Tchat du *Monde*, 16 novembre 2022.

168 Appel du CoPER 93, septembre 2021.

169 *Ibid.*
170 Le 5 juillet 2023.
171 Jade Lindgaard et Ilyes Ramdani, « À Aubervilliers, des jeunes seuls avec leur colère », Mediapart, 2 juillet 2023.
172 D'après les sites spécialisés Se loger, PAP et Le Figaro Immobilier.
173 Anthony Lieures, « Crise de l'immobilier : déjà des ristournes sur les appartements du Village olympique ! », *Le Parisien*, 12 septembre 2023.
174 Réseau national des aménageurs et Cerema, UniverSeine-Saint-Denis, fiche d'identité du projet, 19 février 2026.
175 La Solideo dit avoir dépensé 376 millions d'euros pour le Village olympique et 141 pour le Village des médias, soit un total de 517 millions d'euros, auxquels on peut rapporter les 124 millions de recettes foncières, selon son communiqué du 16 décembre 2022 concernant son budget 2023.
176 Réponse de la Solideo à l'autrice, 16 janvier 2023.
177 Soit 376 millions d'euros de subventions publiques, financées par la maquette de la Solideo votée en conseil d'administration le 16 décembre 2022, auxquels s'ajoutent 20 millions d'euros financés par les collectivités publiques sur des ouvrages dits non indispensables aux Jeux (par exemple, concernant un groupe scolaire à Saint-Ouen).
178 Communiqué de presse, 15 décembre 2022.
179 « Reconvertir les bureaux et bâtiments d'activités en logements : un potentiel encore sous-exploité », Institut Paris Région, 17 novembre 2022.
180 Louise Couvelaire, « Seine-Saint-Denis : des maires attaquent l'État pour "rupture d'égalité" », *Le Monde*, 15 décembre 2018.
181 Leo Da Veiga, « Politique de la ville : plus de 6 milliards sur 15 ans pour la Seine-Saint-Denis », *Les Échos*, 20 janvier 2023.
182 « L'ANRU s'installe à Pantin en Seine-Saint-Denis », *En villes, le mag de l'Anru*, 9 juin 2022.
183 Réponses de la Solideo à l'autrice, 14 juin 2023.
184 Rémi Brancato, « Paris 2024 : première réunion de concertation sur le futur Village olympique », France Bleu Paris, 24 mai 2018.
185 Vefa record de CDC Habitat et Vinci Immobilier sur le futur Village olympique, Localtis, 10 février 2022.
186 Réponses de CDC Habitat à l'autrice, le 3 novembre 2023.
187 En 2020, source Insee.
188 En 2020, source Insee.
189 Taux de pauvreté mesuré en ressources et conditions de vie, source Insee (2022).

190 « Immobilier : les JO 2024, une opportunité pour investir ? », SeLoger, 4 mai 2022.

191 « Jeux Olympiques et Paralympiques de Paris 2024, quel impact sur l'immobilier ? », Actualité, site de la BRED, 24 février 2023.

192 Sur son site, 18 avril 2023.

193 SeLoger, art. cit.

194 Sur son site, 19 avril 2023.

195 Matthew Desmond, *Avis d'expulsion. Enquête sur l'exploitation de la pauvreté urbaine*, Lux, 2019.

196 Aurélie Lebelle, avec Charlotte Robinet, « 90 euros la nuit cet été, 1 363 euros l'été prochain… le prix des hôtels s'envole pendant les JO de Paris », *Le Parisien*, 8 août 2003.

197 ZAC Village olympique et paralympique, Concertation continue, compte rendu de la réunion d'information du 11 mars 2019.

198 Commission de la culture, de l'éducation et de la communication, 19 décembre 2018.

199 Débat filmé du Journal du Grand Paris, *op. cit.*

200 *Ibid.*

201 Devant la commission de la culture, de l'éducation et de la communication, le 31 mars 2020.

202 Banque des territoires, *Impacts extra-financiers du Village des athlètes de Paris 2024*, 5 octobre 2021.

203 Il s'agit d'une évaluation socio-économique menée par la Banque des territoires pour la première fois avec cette méthode. L'ensemble des coûts et bénéfices (financiers comme extra-financiers) sont exprimés dans une unité commune ou « monétarisés », permettant le calcul d'une valeur actualisée nette socio-économique (VAN) et d'un rendement (ROI – *return on investment*) socio-économique. Les coûts et les bénéfices du projet sont ensuite comparés aux coûts et bénéfices d'une situation sans le projet.

204 Cécile Hautefeuille, « Chantiers des JO : Amara Dioumassy est mort dans l'indifférence générale », art. cit.

205 Débat filmé du Journal du Grand Paris, *op. cit.*

206 Le secteur D correspond à 48 250 m^2 de surface de plancher, pour une charge foncière cible de 34,1 millions d'euros, et le secteur E : 52 420 m^2 pour 41,5 millions, selon le Powerpoint Village olympique et paralympique, Solideo, mars 2019.

207 Le montant attendu de la vente des charges foncières de la ZAC gare des Mines-Fillettes est de 167,93 millions d'euros hors taxe, pour un programme de construction d'environ 150 000 m^2 de surface de plancher, selon le projet de délibération du service de l'aménagement de la direction de l'Urbanisme de la mairie de Paris (cote 2019 DU 248).

208 Entretien avec l'autrice, 10 février 2023.

209 Entretien avec l'autrice, 25 mars 2019.
210 Loi n° 2018-202 du 26 mars 2018 relative à l'organisation des jeux Olympiques et Paralympiques de 2024.
211 « JO Paris 2024 : les contours d'une loi olympique faite sur mesure », *Les Échos*, 15 mai 2022.
212 Cécile Gintrac et Léo Kloeckner, « À cinq ans des Jeux, l'oubli de la Seine-Saint-Denis », *Métropolitiques*, 30 septembre 2019.
213 Isabelle Baraud-Serfaty, « Vers la "privatisation" du projet urbain ? », *Actes pratiques et ingénierie immobilière*, premier trimestre 2014.
214 La zone d'aménagement concerté (ZAC), fiche outils du Cerema, 4 juin 2020.
215 Isabelle Baraud-Serfaty, « Vers la "privatisation" du projet urbain ? », art. cit.
216 Antoine Guironnet, chapitre « Financiarisation » du livre collectif dirigé par Matthieu Adam et Émeline Comby *Le capital dans la cité. Une encyclopédie critique de la ville*, Amsterdam, 2020.
217 Communiqué de presse, 22 février 2023.
218 Antoine Guironnet, *Au marché des métropoles. Enquête sur le pouvoir urbain de la finance*, Les Étaques, 2022.
219 *Ibid.*, p. 95.
220 Débat avec le journal du Grand Paris, art. cit.
221 Stéphane Mazars et Stéphane Peu, *Rapport de la mission d'information sur les retombées des JOP 2024 sur le tissu économique et associatif local*, Commission des affaires culturelles et de l'éducation de l'Assemblée nationale, 5 juillet 2023.
222 *Ibid.*
223 Chiffrage du conseil départemental transmis à l'autrice.
224 Au sens des catégories, A, B et C, selon les chiffres de Pôle Emploi.
225 Rapport du 19 avril 2022.
226 Christopher W. Chagnon, Francesco Durante, Barry K. Gills, Sophia E. Hagolani-Albov, Saana Hokkanen, Sohvi M. J. Kangasluoma *et al.*, « From Extractivism to Global Extractivism: the Evolution of an Organizing Concept », *Journal of Peasant Studies*, 9 mai 2022.
227 Saskia Sassen, *Expulsions. Brutalité et complexité dans l'économie globale*, Gallimard, 2016.
228 Solideo, Communiqué de presse, 7 octobre 2021.
229 https://www.teqoya.fr/village-des-athletes/
230 DIRIF, Aménagement du système d'échangeurs de Pleyel (A86) et de Porte de Paris (A1) sur la commune de Saint-Denis (93), atelier du 23 janvier 2018.
231 33,5 % de taux de pauvreté en 2018, selon le service d'information géographique de la politique de la ville (SIG), ce qui est

au-dessus de la moyenne nationale estimée par l'Insee en 2022 : « En 2020, une mesure de la pauvreté compliquée par la crise sanitaire ».

232 *De l'injustice sociale dans l'air : pauvreté des enfants et pollution de l'air*, rapport du RAC et de l'Unicef, 14 octobre 2021.

233 Rachel Pretti, « Nicolas Ferrand : "On est dans les délais » pour la livraison des ouvrages olympiques de Paris 2024" », *L'Équipe*, 15 octobre 2020.

234 Sabine Host, Adrien Saunal et Fabrice Joly, « Bénéfices attendus de la mise en œuvre d'une zone à faibles émissions mobilité sur la santé des enfants : cas de l'agglomération parisienne », *Bulletin épidémiologique hebdomadaire*, 21 juin 2022.

235 Sabine Host, Édouard Chatignoux et Adrien Saunal, « Impacts sanitaires de la pollution atmosphérique urbaine et des expositions à proximité du trafic routier dans l'agglomération parisienne », Observatoire régional de santé, 3 décembre 2012.

236 Christophe Declercq, Mathilde Pascal, Olivier Chanel, Magali Corso, Aymeric Ung, Laurence Pascal, Myriam Blanchard, Sophie Larrieu et Sylvia Medina, « Impact sanitaire de la pollution atmosphérique dans neuf villes françaises. Résultats du projet Aphekom Santé environnement », Institut de veille sanitaire, 2012.

237 Sabine Host, Édouard Chatignoux et Adrien Saunal, « Impacts sanitaires de la pollution atmosphérique urbaine et des expositions à proximité du trafic routier dans l'agglomération parisienne », art. cit.

238 Quartier Pleyel et Porte de Paris, Mesures en temps réel de particules, de particules fines et de dioxyde d'azote dans la cour du groupe scolaire Anatole France, page dédiée sur le site d'Airparif.

239 « Pollution de l'air : l'OMS révise ses seuils de référence pour les principaux polluants atmosphériques », Santé publique France, 22 septembre 2021.

240 *Ibid.*

241 Anthony Lieures, « À Saint-Denis, débat tendu sur la pollution à Pleyel : "Pourquoi un maire voudrait tuer les enfants de sa ville ?" », *Le Parisien*, 17 février 2022.

242 Direction régionale et interdépartementale de l'équipement et de l'aménagement, arrêté préfectoral portant sur l'intérêt général des travaux d'aménagement du système d'échangeurs de Pleyel (A86) et de Porte de Paris (A1) à Saint-Denis (93), recueil des actes administratifs spécial, 26 novembre 2019.

243 Échange par courriel avec l'autrice, 26 septembre 2023.

244 Cour administrative d'appel, décision du 22 octobre 2020.

245 Avis délibéré de l'Autorité environnementale sur l'aménagement du système d'échangeurs de Pleyel et Porte de Paris (93), 16 janvier 2019.

246 Rob Nixon, *Slow Violence and the Environmentalism of the Poor*, Harvard university press, 2011.

247 Cour administrative d'appel, décision du 8 juillet 2021.
248 Communiqué de presse, « Signature des actes de vente des secteurs "Aire des Vents" et "Plateau" du Village des médias, le projet franchit une nouvelle étape », Solideo, 3 novembre 2021.
249 Entretien avec l'autrice, 28 septembre 2023.
250 *Ibid.*
251 Jade Lindgaard, « JO 2024 : l'écologie lucrative de la future "cité-jardin" », Mediapart, 13 mai 2021.
252 Claire Guédon, « Seine-Saint-Denis : les crapauds calamites passeront-ils l'épreuve des Jeux olympiques ? », *Le Parisien*, 25 octobre 2020.
253 Avis n° 2020-5448 du 7 septembre 2020 de la MRAe d'Île-de-France sur le projet de modification n° 2 du PLU de Saint-Leu-la-Forêt (95), 7 septembre 2020.
254 Communiqué de Paris 2024 sur la colline d'Élancourt.
255 « Paris 2024 : les élus écologistes s'inquiètent de l'impact des travaux des JO sur le lac Vaires-Torcy », actu.fr, 16 mars 2023.
256 Entretien avec l'autrice, 22 septembre 2023.
257 Claire Guédon, « Saint-Denis : il n'y aura pas de nouveaux immeubles en lisière du poumon vert du Village olympique », *Le Parisien*, 14 juin 2023.
258 Florian Dèbes, « Orange face à "l'Everest des télécoms" pour les Jeux Olympiques de Paris 2024 », *Les Echos*, 11 octobre 2022.
259 Impact environnemental du numérique : tendances à 5 ans et gouvernance de la 5G, The Shift project, 30 mars 2021.
260 Office de tourisme et des congrès de Paris, Note sur la fréquentation attendue des Jeux olympiques et paralympiques de 2024, février 2023.
261 Plan climat de Paris, 2020.
262 Les émissions annuelles de CO_2 selon la base de données EDGAR sur la recherche atmosphérique mondiale ont atteint en 2022 110 000 tonnes à Kiribati, 590 000 au Vanuatu, 280 000 à Tonga, 590 000 aux Salomon, 550 000 à Samoa, et 2,4 millions aux Maldives.

DANS LA MÊME COLLECTION

Habiter contre la métropole, Conseil nocturne
Capitalisme carcéral, Jackie Wang
Fragmenter le monde, Josep Rafanell i Orra
Dark Deleuze, Andrew Culp
Par-delà les frontières du corps, Silvia Federici
Hegel après Occupy, Mikkel Bolt Rasmussen
Tout le monde peut être féministe, bell hooks
Contre la révolution politique, Nicola Massimo de Feo
« Alternatives » à la prison, Michel Foucault
La Magie planétaire, Alf Hornborg
Radiations et révolution, Sabu Kohso
Internet, année zéro, Jonathan Bourguignon
La Puissance féministe, Verónica Gago
La Question de la technique en Chine, Yuk Hui
La Diagonale de la rage, Michel Kokoreff
Héritage et fermeture, Emmanuel Bonnet, Diego Landivar et Alexandre Monnin
Le monstre est parmi nous, Mike Davis
Défaire la police, Jérôme Baschet, Elsa Dorlin, Irene, Guy Lerouge, Collectif Matsuda, Serge Quadruppani
La Volonté de changer, bell hooks
Le Consumérisme à travers ses objets, Jeanne Guien
Noirceur, Norman Ajari
Corset de papier, Lucie Barette
Révoltes animales, Fahim Amir
Hilaria, Irene
L'Automatisation et le Futur du travail, Aaron Benanav
À bout de flux, Fanny Lopez
À propos d'amour, bell hooks
Le Pouvoir de l'ombre, Philippe Münch
À Arles, Collectif Othon
Une histoire des produits menstruels, Jeanne Guien

Perspectives low-tech, Quentin Mateus et Gauthier Roussilhe
Politiser le renoncement, Alexandre Monnin
Une histoire personnelle de l'ultragauche, Serge Quadruppani
Des femmes et du style, Azélie Fayolle
No crypto, Nastasia Hadjadji
Appel, Anonymes
Théories féministes voyageuses, Mara Montanaro
Petit traité de cosmoanarchisme, Josep Rafanell i Orra
Ce que le football est devenu, Jérôme Latta
Rage assassine, bell hooks
Littérature et révolution, Joseph Andras et Kaoutar Harchi

Imprimé en France par
CPI Bussière
en décembre 2023
N° d'impression : 2075309
Dépôt légal : janvier 2024